职业技术教育"十四五"精品教材建设项目

铁路信号集中监测系统

主　编　冯琳玲　李福建　宋玉鼎

副主编　张建平　黄兆秋　李凯兵

西南交通大学出版社

·成都·

图书在版编目（CIP）数据

铁路信号集中监测系统 / 冯琳玲，李福建，宋玉鼎
主编. —成都：西南交通大学出版社，2021.8（2024.8 重印）
ISBN 978-7-5643-8170-7

Ⅰ. ①铁… Ⅱ. ①冯… ②李… ③宋… Ⅲ. ①铁路信
号–监测系统–高等职业教育–教材 Ⅳ. ①U284.91

中国版本图书馆 CIP 数据核字（2021）第 148069 号

Tielu Xinhao Jizhong Jiance Xitong
铁路信号集中监测系统
主编 冯琳玲 李福建 宋玉鼎

责 任 编 辑	梁志敏
封 面 设 计	墨创文化
	西南交通大学出版社
出 版 发 行	（四川省成都市二环路北一段 111 号 西南交通大学创新大厦 21 楼）
营销部电话	028-87600564　028-87600533
邮 政 编 码	610031
网　　　址	http://press.swjtu.edu.cn
印　　　刷	成都蜀雅印务有限公司
成 品 尺 寸	185 mm×260 mm
印　　　张	13.75
字　　　数	342 千字
版　　　次	2021 年 8 月第 1 版
印　　　次	2024 年 8 月第 3 次
书　　　号	ISBN 978-7-5643-8170-7
定　　　价	39.00 元

课件咨询　028-81435775
图书如有印装质量问题　本社负责退换

前　言

铁路信号集中监测系统（Centralized Signaling Monitoring system，CSM）是保证行车安全、加强信号设备管理、监测信号设备状态、发现信号设备隐患、分析信号设备故障原因、辅助故障处理、指导现场维修、反映设备运用质量、提高电务部门维护水平和维护效率的重要行车设备。它以主要信号设备为对象，融合现代传感器、现场总线、计算机网络通信、软件工程及数据库等技术手段，监测并记录设备运行状态、统计分析相关数据、加强设备管理，为信号维护管理部门掌握当前设备状态、进行故障分析、指导现场作业和管理提供科学依据，从而提高设备维护效率和维护水平。

为了适应铁路信号新技术进步对高技能人才需求增长的需要，我们编写这本《铁路信号集中监测系统》，旨在为铁路信号的技术进步和学校、企业人才培养提供支持和保证。本书本着"以培养职业能力为核心，以工作实践为主线，以工作过程为导向"的课改编写思路，以实际工作任务为引领，采用项目化教学，以现场典型真实任务为主要教学内容，力求做到体系规范、内容先进、知识实用，充分突出了职业岗位的技能培养要求。

本教材概要介绍了铁路信号集中监测设备的运用与维护，分六个项目，包括：绪论、铁路信号集中监测系统简介、铁路信号集中监测系统功能、铁路信号集中监测系统采集原理、铁路信号集中监测系统维护与管理、集中监测案例分析，着重介绍现场广泛使用的TJWX-2020-hh监测设备。

全书由湖南高速铁路职业技术学院冯琳玲和洛阳铁路信息工程学校李福建、宋玉鼎担任主编，由洛阳铁路信息工程学校张建平、黄兆秋、李凯兵担任副主编，具体编写分工如下：冯琳玲负责全书统稿，李福建编写项目三中的任务二、四，宋玉鼎编写项目四，李凯兵编写项目一、项目二、项目三中的任务一，黄兆秋编写项目五、项目三中的任务三，张建平编写项目六。

本书在编写过程中，得到了湖南高速铁路职业技术学院李朝阳、刘湘国等老师的大力支持，同时还参考了大量国内外文献资料，在此谨向文献资料的作者表示衷心的感谢。

由于编者水平有限，书中难免存在的遗漏和不妥之处，敬请读者批评指正。

编　者

2021 年 5 月

目　录

项目一　绪　论

　　铁路信号集中监测系统采用先进的数字信号处理技术、现场总线（CAN）技术、传感技术、计算机网络通信技术、数据库以及软件工程技术，监测并记录信号设备的主要运行状态。它利用微机高速信息处理能力，进行实时监测、故障诊断、自动分析；利用微机大规模信息存储能力，进行数据处理、记忆存储、回放再现；利用微机联网能力，加强调度指挥、故障处理、集中管理。铁路信号集中监测作为铁路信号系统的子系统为电务部门掌握设备运用质量和故障分析提供科学依据，是面向铁路信号维护工作者的开放性和模块化设计的系统。

　　铁路信号集中监测系统网络体系是由铁路总公司、铁路局、电务段、车站监测设备构成的"三级四层"监测系统网络体系。

一、铁路信号监测系统的特点

　　铁路信号集中监测的特点：以"设备维护"为导向，以信号专家的视角实时发现设备的故障和隐患，从而大大减轻了维护人员的工作量。

　　1997 年安装的信号微机监测系统 TJWX － 97 型，是由铁道部电务局、科技司会同组织有关科研单位联合攻关、共同研制的。2000 年，铁道部再次组织联合攻关，升级为 TJWX － 2000 型，技术先进、功能完善、制式统一、便于联网。TJWX － 2006 型微机监测系统是以铁道部 2006 年 3 月公布的新技术条件为依据研制的，在满足新技术条件要求的基础上，结合需求和经验积累，该系统在功能、结构上都有了较大的改进，例如：增加了监测项目，提高了测试精度，提高了测试稳定性，增强了可靠性，提供了由用户定制的组合式分析方式，明确了 2 M 数字通道。为适应电务系统对信号设备维护的更高要求，充分发挥监测系统在铁路信号设备维护工作方面的指导作用，加强监测系统数据分析，实现信号设备隐患预警和故障诊断，推动监测系统向综合化、智能化、信息化方向发展，铁道部运输局基础部、科技司于 2010 年 9 月发布《铁路信号集中监测系统技术条件》（运基信号〔2010〕709 号）文件，为铁路信号集中监测系统发展奠定了基础，指明了发展方向。

　　依托于上述背景，我们编纂了这本以设备维护为导向的《铁路信号集中监测系统》。

二、铁路信号监测系统发展简史

铁路信号集中监测是随着计算机技术的发展而发展的，是经过二十几年艰苦探索发展起来的。追溯至 1985 年，以当时的计算机技术为支持，部分铁路局开始研发信号微机监测系统。到 1996 年，研制单位已达 20 多家，先后有 200 多个车站配备了信号微机监测系统。初期阶段的信号微机监测系统，由于受技术、经济等方面的限制，技术陈旧，精度不高，可靠性差。其特点表现为：各个铁路局自行研制，缺乏统一标准；技术差异较大，运用状况不佳；各站基本独立，很少集中联网。

随着时间的推移和科技的进步，信号微机监测技术不断发展。1997 年铁道部两次组织有关专家对信号微机监测系统进行了大规模调查研究，并在此基础上，制定了技术原则，组织了联合攻关。由各研制单位组成的联合攻关组，在近六个月的努力下研制开发了第一代 TJWX-97 型信号微机监测系统，并且在五大干线推广应用，为监督电务设备运用状态及铁路运输安全做出了贡献。这个攻关阶段的特点是：高起点、高水平；发挥各家优势、集中各家之长。

正是第一代 TJWX-97 型信号微机监测设备在现场的推广应用，使铁道部和各铁路局对信号微机监测系统的重要性有了新的认识。铁道部 2000 年初把信号微机监测系统列为保证铁路运输安全的首要措施，把信号微机监测系统称为电务系统的"黑匣子"，按行车安全设备对待。但是第一代信号微机监测系统难以满足这样高的要求。首先，各研制单位根据自身优势对第一代 TJWX-97 型微机监测系统进行了不同程度的完善，开发出了形式各异、水平不等的监测设备，造成了信号微机监测系统制式不同、标准各异、分散使用、不能联网的局面。其次，"4·29""7·9""10·29"事故给全路带来重大损失和惨痛教训的同时，也给信号微机监测系统提出了新的课题。如何准确判断违章操作带来的事故隐患，防患于未然，是第一代产品未能解决的问题，也是新一代微机监测系统必备的功能。

2000 年，铁道部汇集了各铁路局、各院校专家的意见，对原《微机监测系统技术条件》进行了修改和完善，新的技术条件对微机监测系统进行了新的定义，并且增加了部分必需的功能。铁道部科教司和运输局基础部决定进行第二次联合攻关，集中各研制单位的 20 多位技术专家，在第一代 TJWX-97 型微机监测系统的基础上，开发出第二代 TJWX-2000 型微机监测系统。第二代 TJWX-2000 型微机监测系统、以新的技术条件为依据，采用统一的软、硬件，统一标准，统一制式，具备全路联网功能，能够准确判断设备故障和违章操作带来的事故隐患，防患于未然。

铁道部 2006 年 3 月公布新的"信号微机监测系统技术条件"，提出了更高的要求。加之铁路信号新设备安装运用，电务段生产力布局调整，电务维护管理难度加大，迫切需要进一步提高完善信号微机监测系统技术水平。TJWX-2006 型信号微机监测系统是以新技术条件为依据研制的。采用数字信号处理（DSP）技术，提高了测试精度，提高了测试稳定性，增加完善了监测内容，增强了可靠性，结合设备状况和经验积累，极大地满足了需求。

在全面梳理铁路信号微机监测产品采样原理的基础上，为提高铁路信号集中监测系统的安全性和可靠性，规范铁路信号集中监测系统的设计、制造、施工和验收工作，铁道部运输局于 2011 年 6 月底，颁布了《铁路信号集中监测系统安全要求》（运基信号〔2011〕377 号文）。铁路信号集中监测系统（CSM）立足之本是要解决信号设备维修在时间上和技术保障难度上的矛盾，尽量压缩设备故障时间，强化设备运行质量跟踪管理，在状态修的基础上使修程、修制做到少维修或专业化的集中修，逐步实现设备零故障。铁路信号集中监测系统是铁路运输的重要行车安全设备，对于进一步强化结合部管理，改善和优化现场维修作业具有重要意义。

随着铁路网络规模的不断扩大，互联网技术的迅速发展，铁路信号集中监测系统作为管理维修的主要设备，将向智能化、网络化、专家系统方向不断完善和发展，并将与调度监督系统和运输信息管理系统汇接合成，更好地为铁路运输服务。

三、发展必要性

目前，铁路信号集中监测设备迅猛发展，是应时而生、应运而生，是时代的需要，也是发展的需要。其外在动力是微型计算机技术的长足发展，内在动力是安全生产的需要，是铁路信号技术自我发展的需要，是信号维修制度改革的需要。

（1）信号系统设备：车站联锁设备和区间自动闭塞设备等本身就是保证行车安全，提高列车运行效率的重要技术设备，据北京交通大学专家教授研究证实，现代化的信号设备可使铁路运输效率提高300%。

（2）信号系统设备，其特点为电路设计严密，设备器材过硬，故障导向安全性能可靠，安全性能久经考验。但传统信号设备与现代技术设备比较而言并不是完美无缺的，一方面是不具备实时自诊断设备电气特性是否合乎标准的能力，另一方面是不具备对行车信息的长时间记忆、存储和历史回放的功能。长期以来，信号工作者一直都在追求计算机技术，希望借助计算机技术来弥补传统信号设备的缺陷。

（3）微型计算机是20世纪70年代的重大科学技术发明之一，它的出现不仅大大促进了传统的大、中、小型计算机向微型化方向发展，而且使得计算机的应用空前广泛地深入社会生活的各个领域，进入人们的物质文化生活和家庭中，极大地促进了社会信息化的进程。"惊人的发展，广泛的应用，功能的增强，价格的降低"是几十多年来微型计算机发展的重要特点。微型计算机具有友好的图形界面，以及汉字处理、高速数据处理、大规模信息存储能力，其优越的性能价格比使其拓宽了应用领域。信号系统采用微型计算机技术，或者说微型计算机技术渗透到信号领域，从而产生的铁路信号监测系统，增强了自身的功能，弥补了自身的缺陷，这是新时期、新时代铁路信号的自我完善和自我发展，这是信号技术的飞跃，这是历史发展的必然。

（4）铁路信号集中监测系统利用微型计算机的高速信息处理能力，使信号设备具有了自诊断功能。能在信号设备运行的全部时间内监测运行状态和质量特性，全天候实时或定时对主体设备进行参数测试、存储、打印、查询、再现；能监测信号设备主要电气性能，在电气性能偏离预定界限时及时报警；能发现信号故障和故障预兆，为防止事故、实现信号设备预防修提供可靠信息；能实时监测、数据处理、故障诊断，从而大幅度提高了信号系统的安全性。

（5）铁路信号集中监测系统运用微型计算机大规模信息存储能力，使信号设备具有了自记忆功能，能记忆、存储信号设备的运行过程，并通过逻辑智能判断，捕捉瞬间故障和间歇故障，克服"疑难杂症"，提高信号系统的可靠性；通过历史回放，为进行事故分析提供重要的手段和依据。

（6）铁路信号集中监测系统利用微型计算机联网能力，使信号设备具有了网络诊断管理和维护功能，可以实现电务段、路局和原铁道部的全路联网。加强生产指挥，便于指导维修，实现科学管理。

（7）铁路信号集中监测系统用于掌握信号设备的工作状态和变化趋势，可做到"心中有数""超标报警""超前防范、防患未然"，使设备运用质量始终处于受控状态，科学地指导现场合理维修，避免"过剩修"或漏检漏修。因此，这是信号维修技术和手段的一次革命。

（8）铁路信号集中监测系统还具有监测道岔选排不一致、6502 电气集中锁闭继电器 81-82 接点封连的实时动态监测功能，防止信号工作人员违章作业。

（9）铁路信号集中监测系统在监测信号设备的同时，也实现了对电力供电、行车操作、道岔电气特性和机械特性等结合部的监测，从而加强了结合部的管理。

（10）铁路信号集中监测系统实时性增强，解决了人工分析数据实时性低，不能够根据微机监测实时数据变化及时发现设备隐患的问题。

铁路信号集中监测系统采用微机监测海量数据，改变了人工分拣的模式。由过程数据分拣向分析结果判断转变。特别是在数据关联性分析以及对历史数据比较分析方面。

铁路信号集中监测系统改变了由于个体差异引起的分析结果差异。由系统级诊断数据库比对的模式保证问题的正确导向，能实时发现设备的故障和异常。

复习思考题

1. 简述 CSM 系统从铁路信号微机监测发展到铁路信号集中监测经历了哪几个阶段。

2. 铁路信号集中监测系统的依据基础是什么？

3. 为防止信号工作人员违章作业，铁路信号集中监测系统对 6502 电气集中是采用什么方法进行监督？

项目二　铁路信号集中监测系统简介

铁路信号监测系统经过十几年的发展，监测设备正朝着综合化、智能化、信息化方向发展，从自主设计为导向的阶段转变为以铁路运输需求为导向的阶段，铁路运输的发展需要的不仅仅是设备的状态监测，更多的是把监测系统作为判断设备是否工作正常、进行设备维护工作的技术手段。随着 TJWX-2006 型信号微机监测系统在铁路各级各层电务信号管理中的普遍应用，信号维护部门对系统的期望要求也在不断提高，特别是现有监测的系统具有用户界面单调，功能操作复杂，安装配置烦琐、运行性能不稳定等缺陷，信号维护部门需要一个界面美观、操作简便，满足用户当前业务需要的系统，这就要求监测设备和信号设备维护一起"与时俱进"。CSM 铁路信号集中监测系统是既有 TJWX-2006 型微机监测系统的全新升级版本。它在《铁路信号集中监测系统技术条件》（运基信号〔2010〕709 号）的基础上，以设备维修维护为导向，重点解决了 TJWX-2006 型监测系统的各类软硬件问题、工程化问题、人机界面操作问题，同时总结监测系统的亮点和优势功能，由信号设备的监测工具转变成为信号设备的维修维护平台。

任务一　系统总体结构

铁路信号监测系统结构部分采用基于 TCP/IP 协议的广域网模式，包括系统配置的层次结构和数据通信的网络结构。体系结构的划分应符合电务部门维护和管理工作的实际需要。监测系统的层次结构为"三级四层"结构。三级为：国铁集团、铁路局、电务段。四层为：国铁集团电务监测子系统、铁路局电务监测子系统、电务段监测子系统、车站监测网。CSM 系统体系结构如图 2-1 所示。

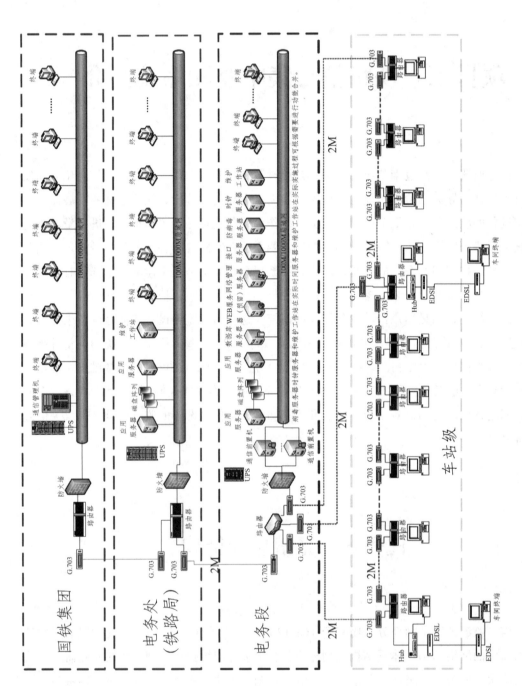

图 2-1 铁路信号监测（CSM）系统体系结构示意图

一、国铁集团电务子系统

国铁集团电务子系统在整个系统中处于最高层，负责配置通信管理机、国铁集团监测终端。

通信管理机与国铁集团各监测终端以及各铁路局应用服务器建立通信连接并进行数据交换。

国铁集团监测终端可以调看全路的联网车站，实时查看车站信号设备的工作状态，回放站场存储信息和报表信息，显示车站的报警信息。

二、铁路局子系统

铁路局子系统处于第二层，配置应用服务器、监测终端和维护工作站。

应用服务器采用双机冗余备份技术，作为整个铁路局微机监测系统的监控中心。应用服务器以星形方式与各个电务段连接，管理全局内所辖的全部电务段及其车站节点。负责与所辖电务段应用服务器、铁路局监测终端以及国铁集团通信管理机等节点建立通信连接，进行网络通信和数据交互，并实现数据流调度和信息路由等功能。

铁路局监测终端可以调看全局的联网车站，实时查看车站信号设备的工作状态，回放站场存储信息和报表信息，显示车站的报警信息。

铁路局子系统维护工作站配备监测终端的所有功能，并具备网络拓扑图状态管理功能，可实时显示网络节点、通道和车站采集设备的工作状态，通过声音、拓扑图颜色变化来反映当前网络的告警信息。维护工作站还可以实现对网络流量和网络传输出错率的在线分析。

三、电务段子系统

电务段子系统处于承上启下的位置，是 CSM 铁路信号集中监测系统的中枢部分，是电务段管内各站的集中监测数据和网络通信的管理中心。整个系统以电务段监测中心为集中管理、监控的中心。

应用服务器采用双机冗余备份技术，作为整个电务段集中监测系统的监控中心。应用服务器以环形方式与各个车站连接，每隔 5～12 个车站形成一个环（微机监测是每隔 8～15 个车站形成一个环），环内具体车站数量可以根据通信传输系统节点情况确定。应用服务器管理全段内所有车站节点。负责与铁路局电务监测中心应用服务器、电务段监测终端等节点建立通信连接，进行网络通信和数据交互，并实现数据流调度和信息路由等功能。站机数据经广域网数据传输系统到达应用服务器，服务器对数据进行分类、存储和处理，根据终端要求分发给各联网终端。

工区终端、车间终端、段终端用于人机操作，管理和查看权限范围内车站的站场及有关数据，并作报表的汇总显示，数据报表和数据图形可由打印机打印输出。同时，各级终端能显示相应的通信网络结构拓扑图及通信状态，具备一定的网络管理功能。

四、车站子系统

车站子系统处于铁路信号集中监测系统最底层，是整个系统的基础，是所有原始信息的源头。它所提供的有关信号设备的质量信息是精确的，告警信息是可靠的，运输状态的记录是完整的。采集机和站机的工作是高稳定、高可靠的，可保证原始数据记录的完整性。

五、广域网数据传输系统

铁路信号集中监测系统通过广域网数据传输系统将车站子系统、电务段子系统及上层网络连接起来。广域网数据传输系统完成 IP 数据采集以及各计算机间的数据传输。

任务二　电务段子系统结构

电务段子系统由数据库服务器、应用服务器、通信前置机、接口服务器、网络管理服务器、防病毒服务器、时钟服务器、维护工作站、监测终端、WEB 服务器（预留）以及电源部分组成。电务段子系统结构如图 2-2 所示。

一、组网方式

电务段子系统采用全千兆网络设计，其内部设备间的互联接口均为千兆以太网接口。

各服务器、网络安全设备以及监测管理交换机均采用双上联方式，分别连接两台核心交换机。监测终端、维护工作站等设备与监测管理交换机采用星形连接。

数据库服务器之间使用专用心跳线互联，小型机、应用服务器和磁盘存储阵列通过专用光纤接口与光纤存储交换机互连。

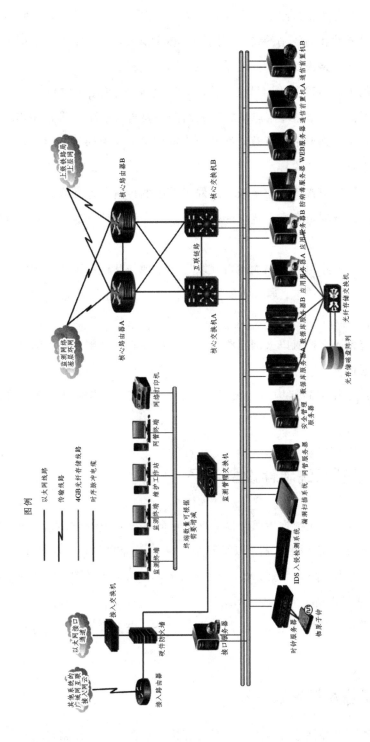

图 2-2　电务段子系统结构示意图

两台核心交换机之间互联两个千兆以太网物理端口，在这些端口上启用端口捆绑技术复合成一条逻辑链路，在逻辑链路上启用 TRUNK 干线透传设备间所需的数据。

基于双网高可靠性和高效率的设计原则，核心交换机与核心路由器采用千兆以太网双交叉端口互联。两台核心路由器之间使用千兆以太网口互联。

核心路由器的串口接口卡与信号集中监测基层网各个车站的 2 Mb/s 及以上的广域网传输通道互联，根据要求，车站环网尾站的广域网链路要与核心路由器 B 相连。各车站返回段监测中心的中间抽头链路要根据负载均衡的原则或网络抽头返回的顺序，依次平均分配与两台核心路由器的串行端口相连接。

核心路由器使用串口接口卡与上级铁路局子系统的传输通道互联。

段子系统接口服务器负责本系统与外部其他系统广域网传输通道的互联互通，通过千兆以太网连接硬件防火墙。

硬件防火墙和接入路由器的以太网口互联后，实现与其他系统的广域网通道互联。接入路由器采用高速广域网接口卡，通过协议转换器，与其他电务段系统的 2 Mb/s 及以上广域网链路互联。

硬件防火墙与接入交换机以太网互联，为接入段中心并采用非专用网络方式传输的以太网数据提供接入通道。

电务段子系统采用的新架构与上级子系统、铁路局子系统规划思路一致，具有技术代表性。

二、电务段子系统硬件设备部署

电务段中心配置小型机数据库服务器（双机冗余备份）、光存储磁盘阵列（预留组建区域光存储网络拓展能力）、应用服务器（双机冗余备份）、通信前置机（双机冗余备份）、接口服务器、网络管理服务器、防病毒服务器、WEB 服务器、时钟服务器、安全防护服务器（终端安全防护）、网络通信设备、机房独立网络安全设备（防火墙，入侵检测系统、漏洞扫描等）、电源设备、防雷设备、维护工作站、监测终端等设备。电务段子系统硬件设备部署如图 2-3 所示。

（一）小型机数据库服务器

数据库服务器负责存储车站开关量、报警等相关数据。负责存储终端、通信前置机、应用服务器、网管服务器等操作记录。

图 2-3　电务段子系统设备部署示意图

（二）光存储磁盘阵列

光存储磁盘阵列与小型机数据库服务器配合使用，采用光纤通道接口的磁盘驱动器，并且具有两套磁盘控制器，在保证设备运行可靠性的同时，可以处理繁重的磁盘 I/O 读写操作，保证了数据库的高效快速响应。光存储磁盘阵列与小型机服务器和应用服务器之间均采用光纤跳线连接，数据通道具有极强的抗干扰能力和稳定的高速传输带宽。

（三）应用服务器

应用服务器采用双机冗余，使用 4 路多核心 INTEL Xeon 处理器（主频 2.6 GHz 以上），内存 16 G 以上，SAS 接口磁盘驱动器，RAID1 镜像，千兆以太网接口，具有很高的运算性能及工作可靠性。采用光纤跳线与 DS5020 光磁盘存储阵列互联。

1. 基本功能

负责与所辖车站站机、监测终端以及铁路局服务器等节点建立通信连接，进行网络通信和数据交互，并实现数据流调度和信息路由等功能。

2. 系统管理

（1）系统在线自检，记录系统运行日志。

（2）系统软件的自动升级。

（3）提供微机监测系统软件的自动升级配置、管理。

3. 通信管理

（1）负责监测终端与站机之间有关命令和响应数据的转发。

（2）网络通信时数据的压缩/解压缩以及数据的分等级传输。

（3）实时显示系统网络的通信状态，实现广域网络管理。

4. 数据处理及控制

（1）服务器双机冗余备份。

（2）向所辖车站站机或终端机发送控制命令。

（3）根据统一的 GPS 时钟对所辖车站及终端进行时钟校核。

（4）将站机和终端的关键数据存储到历史数据库。

（5）车站报警信息的存储、分类汇总和统计分析。

（6）向各监测终端提供历史信息查询。历史信息包括：开关量、模拟量历史报表及曲线、报警及其统计汇总报表、电务维护报表、系统日志和状态报表等。

（四）通信前置机

通信前置机负责与所辖车站站机、监测终端等节点建立通信连接，进行网络通信和数据交互，并实现数据流调度和信息路由等功能。

（五）接口服务器

接口服务器负责跨系统间连接、跨网络间连接的数据通信转，使用 4 路多核心 INTEL Xeon 处理器，SAS 接口磁盘驱动器，RAID1 镜像，千兆以太网接口，具有很高的运算性能及工作可靠性。

（六）WEB 服务器

WEB 服务器负责以丰富查询手段，提供 WEB 浏览服务功能，主要包括实时报警及历史报警查询，报警信息处理情况录入、报警信息分析统计，也作为全线子系统自动升级服务器。

（七）网管服务器、防病毒服务器、安全防护服务器

（1）网管服务器负责管辖范围内所有终端、服务器、网络设备的通信状态和远程维护。

（2）防病毒服务器统一规划和布置管辖范围内监测系统所有站机及终端杀毒软件，定时对所辖站机和终端进行病毒包升级。

（3）安全防护服务器对所有站机及终端实施资产管理和软、硬件监控，并兼顾软件分发、操作系统补丁管理。

（八）时钟服务器

时钟服务器为所辖电务段管辖范围内的站机和终端、服务器提供标准时钟源，并对所辖

各节点定时校核时间。

应选用铁路行业主要路局已经规模化使用，具有双机冗余热备运行能力的时钟服务器，外接铷原子钟，具备两路 GPS 输入和外部网络时钟源输入，具备一级时钟精度。

（九）网络通信设备

网络通信设备采用运营商级的核心路由器、核心交换机及其他网络设备，共同组建电务段中心全千兆核心网络，具备优秀的网络扩展能力。

1. 核心路由器

核心路由器采用双机冗余运行，使用第二代网络处理引擎，最高可以实现 2 Mp/s 的转发速率，多业务板卡具备良好的扩展能力，最大支持 48 个 2 M 串口接入，并具备千兆以太网接口，具备良好的性能和工作可靠性。

2. 核心交换机

核心交换机采用模块化高性能核心交换机，双机冗余运行，具有高可靠性和高安全性，集中提供 320 Gb/s 交换容量，吞吐量高达 250 Mp/s，兼容性强，多业务板卡具备良好的扩展能力，具备强大的性能和工作可靠性。

（十）UPS 电源系统

UPS 电源系统采用专用模块化 UPS 电源系统，配合定制化低压配电柜，为整套电务段中心环境提供洁净的电源供给和充足的电力保障，具备高效的功率因数和优秀的管理性能。

（十一）网络安全设备

电务段子系统具备独立的硬件防火墙、入侵检测和漏洞扫描系统，能够有效控制外部接入数据流，实时监控电务段子系统网络中的风险流量，并能够定时扫描整个中心的风险漏洞。所有的入侵检测事件和漏洞风险均可以生成中文报表文件。

三、维护工作站

维护工作站作为网络管理终端，主要功能有网络管理和车站设备管理两类。

（一）网络管理

（1）在网络拓扑图上动态、实时地监视网络节点的工作状态，网络节点包括：计算机、路由器、交换机等。在拓扑图上动态、实时地监视网络通道状态。

（2）在网络拓扑图上动态反映网络节点单元的告警，通过声音、拓扑图颜色变化来反映当前网络的告警信息。在网络拓扑图上可动态反映网络节点设备的配置情况。

（3）用户可以使用专用的网络拓扑图绘制工具定制、修改网络拓扑图。

（4）可以在线分析网络流量。

（5）可以在线分析网络传输的出错率。

（二）车站设备管理

（1）可以实时显示车站 UPS、采集分机及板卡及其他接口单元的状态。

（2）支持对系统中主要设备的软硬件配置管理，包括机器名、设备类型（主机、工作站、路由器、交换机、网络打印机等）、IP 地址、硬件配置描述、操作系统类型及版本、软件模块配置及版本情况等信息。

四、电务段监测终端

监测终端配置要求：采用工业控制机或 PC 机（见图 2-4），单核 CPU 主频 3.4 GHz 以上，2 核 CPU 单个主频不低于 2.4 GHz，内存不应低于 2 GB，硬盘不应低于 160 GB，配有声卡和音箱等。显示器不低于 19 英寸（分辨率 1024×768 或以上）。通信前置机、接口服务器、web 服务器采用 PC 服务器，每台服务器至少配置 4 颗 CPU，CPU 主频不低于 2.0 GHz，内存容量不小于 4 GB。电务段监测终端主要包括调度终端、试验室终端、车间终端、工区终端。

图 2-4　监测终端

（一）数据显示

具体要求如下：

（1）统一的站场图显示，统一的菜单设置，CTCS-3 区段特殊显示;站场运用状态图的实时显示与回放，站场图可以放大、缩小和全屏显示，可以通过鼠标进行任意拖动。

（2）具备开关量的实时状态显示以及历史记录查询功能，可以查看开关量的实时状态和历史状态。

（3）所有采集的实时模拟量数据都可以通过实时测试表格、历史数据表格、日报表、实时曲线、日曲线、月曲线、年趋势线进行全方位的呈现。

（4）显示转辙机动作电流曲线、总功率曲线，分析转辙机动作参数。

（5）提供控制台按钮操作记录，包括总取消按钮、列调车、破封按钮、故障通知按钮的历史查询。

（6）记录关键设备动作次数及时间表，包括转辙机动作次数；破封按钮运用次数；区段占用次数；列车、调车按钮运用次数；故障通知按钮运用次数、列车、调车信号开放次数等，并提供记录查询。

（7）可调看电缆绝缘和电源对地漏泄电流的测试表格和变化曲线。

（8）环境监控信息采用图形化的方式进行直观的显示。提供历史查询、回放功能。

（9）提供轨道电路分路残压报表查询。

（10）具备计算机联锁、列控中心、TDCS/CTC- ZPW2000 等信号设备运行及通信状态信息实时显示、支持历史查询和回放功能。

（二）报警及事件管理

提供车站机报警实时显示、进行声光报警，提供报警历史信息的查询。

（三）系统管理

提供系统运行日志、车站机运行日志查询。

（四）数据处理及控制

（1）提供多种登录方式。

（2）提供对服务器下辖所有车站的报警、报表的分类汇总、显示。

（3）具有曲线和各类报表的打印功能。曲线可以导出为 bmp、jpg 等标准格式的图形文件，报表可以导出为 Excel 等通用文件，方便用户资料的采集及调阅。

（4）回放文件可以方便地导出到可移动存储设备，并提供回放工具，方便用户回放、分析、处理。可以对已存储的文件进行管理。

（5）授权终端根据需要向所辖站机发送控制命令，如校核站机时钟命令、空调远程控制命令等。

任务三 车站子系统结构

一、车站子系统网络结构

车站子系统是由两级计算机构成的网络结构（见图 2-5），是一个集散系统。站机与采集分机之间通过 CAN 总线构成网络，进行数据交换，一台站机可以连接许多台采集机。这种网络系统结构宜按不同站场规模配置各种类型的采集机数量，可集中也可分散安装。

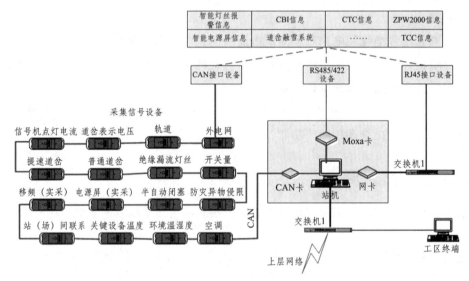

图 2-5 车站子系统网络结构图

二、车站子系统配置模式

车站子系统是 CSM 铁路信号集中监测系统的基础部分，负责数据的采集、分类、处理和存储，实现车站信号设备、区间信号的实时监测、故障分析、诊断和人机对话、显示与查看。车站子系统由站机（上位机）、采集设备和网络设备构成。

车站子系统设置：根据现场工程的情况和需要，一种方案是设置一个欧标站机机柜和若干个铁标采集机柜、组合柜，根据站场情况采集机柜也可以采用欧标采集机柜；另一种方案是设置一个欧标站机机柜和一个组合柜，按需要可以配置工区终端和车间终端。第一种设置方案一般适合客运专线的联锁站、动车段以及普速铁路的绝大部分车站；第二种设置方案适合中继站和无岔站。

欧标站机机柜放置在微机室内，尺寸为 600 mm×800 mm×2350 mm，机柜内有站机、网络设备、交换机、UPS 等设备；铁标采集机柜、铁标组合柜放置在机械室内，尺寸为 900 mm×800 mm×2 350 mm，采集机柜内放置各类采集机，组合柜内放置 CO 组合、采集器组合和绝缘测试组合等以 4U 为单位的组合。欧标站机机柜、铁。标采集机柜如图 2-6 所示。

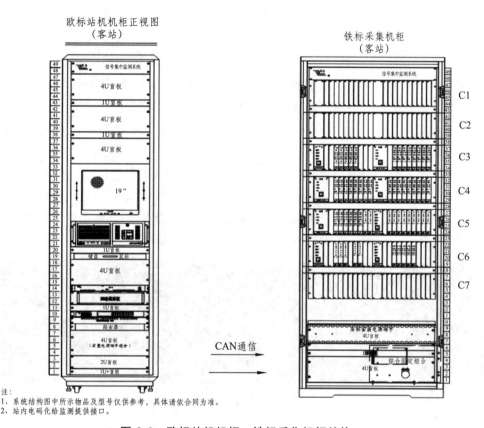

注：
1、系统结构图中所示物品及型号仅供参考，具体请依合同为准。
2、站内电码化给监测提供接口。

图 2-6　欧标站机机柜、铁标采集机柜结构

欧标机柜内除了安装站机工控机、网络设备、交换机、UPS 等设备外，还需安装各类采集机；组合柜用于放置 CO 组合、接口组合和绝缘测试组合等以 4U 为单位的组合设备。

对于中继站，考虑到其设备数量较少，设置一个欧标站机机柜即可。C0 组合、接口组合和绝缘测试组合等以 4U 为单位的组合设备安装在组合架中的空层位置。

三、站机配置

站机基本配置要求：采用 PC 工业控制机，单核 CPU 主频不低于 3.4 GHz，2 核 CPU 单个主频不低于 2.4 GHz，内存不应低于 2 GB，硬盘不应低于 160 GB，配有声卡和音箱等。液晶显示器不低于 19 英寸（分辨率为 1024×768 或以上）。站机安装在欧标机柜内。

四、采集设备

CSM 监测系统采集硬件结构可划分为两大部分：采集设备、与其他子系统接口部分。目前监测厂家不止一家，不同厂家的采集设备不完全相同，但按类型可以分为采集机和采集器两种。

（一）采集机

采集机可以安装在铁标采集机柜、组合柜中，也可以安装在组合架上，根据需要，一些站将其安装在欧标站机机柜中，其外观为组匣（内含板卡）形式。

采集机收集各采集设备的采集信息，实时采集模拟量和开关量信息，并将结果编码传输给 CSM 站机。

采集机采用 CAN 总线或局域网与 CSM 站机通信，实时采集各种信号设备的数据。

安装在铁标采集机中每个采集机采用 4U 高的铁标组匣，可以安装在组合柜和组合架上，它包括两个采集机组合（包括采集机电源、采集板和总线板），一共可配置 18 块采集板。每层铁标组匣配置一个电源配线铁标端子。铁标组匣布置示意如图 2-7 所示。

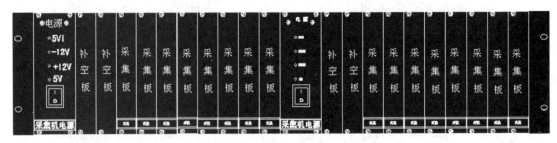

图 2-7　铁标组匣布置示意图

在欧标采集机中可以安装 4U 高的欧标组匣，每个欧标组匣内只包括一个采集机组合（包括采集机电源、采集板和总线板），可配置 10 块采集板。每层欧标组匣配置一个电源配线欧标端子。欧标组匣布置示意如图 2-8 所示。

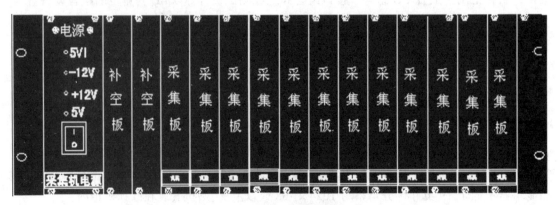

图 2-8　欧标组匣布置示意图

采集机按照采集的对象不同可分为电源屏采集机、轨道电压采集机、转辙机采集机、电缆绝缘漏流采集机、信号机点灯电流采集机、移频采集机、半自动闭塞电压采集机、环境监控采集机、防灾/场联电压采集机、开关量采集机等。

（二）采集器

采集器的形状按照继电器、箱盒等非组匣形式设计，按照功能分为两大类：带智能数字处理和传输功能的采集单元和仅做电压或电流条件变换的采集模块。采集器一般不直接与CSM 站机通信，其数据可通过接口通信分机转发给 CSM 站机。常用的 CSM 采集器有外电网综合质量采集单元、三相交流转辙机采集单元、道岔表示电压采集器、高压脉冲轨道电路采集器、列车信号机电流采集器、半自动闭塞采集器等。

五、网络设备

欧标采集机中的工控机设备使用以太网口与站机交换机互联。根据技术标准的要求，车站通信机械室到信号机械室使用光纤通道连接。站机路由器一般使用两个 WAN 口，一个 WAN 口通过光电协议转换器与上行方向车站互联，另一个 WAN 口通过光电协议转换器与下行方向车站互联。当车站节点需要做链路抽头连接电务段子系统时，车站路由器需要再使用一个 WAN 口，通过光电协议转换器与电务段子系统的路由器互联。每隔 5～12 个车站做中间抽头与电务段子系统路由器平均分布连接，保证负载均衡。为提高系统的可靠性，车站节点的中间抽头首站和结尾站与电务段子系统的不同路由器连接。

任务四　铁路信号集中监测系统网络

一、计算机网络简介

计算机网络是以相互共享资源而联结起来且各自具有独立功能的计算机系统的集合。计算机网络是通信技术与计算机技术密切结合的产物，随着计算机技术和通信技术的高速发展，计算机网络的性能得到很大提高，其应用深入到了各行各业。铁路运输自提速以来，铁路运输管理信息系统（TMIS）、列车调度指挥系统（TDCS）、调监、信号微机监测都采用了计算机网络技术，使系统的通用性、可靠性、可扩充性得到很大提高。

计算机网络按网络的拓扑结构划分，可分为星形、树形、环形、总线型等几种方式；按网络的覆盖范围划分，可分为广域网、局域网等。

（1）广域网：是指覆盖距离通常为几十千米至几千千米的计算机网络，线路往往采用公共交换线路（如电话网、DDN、X.25、ISDN 等，通信速率一般在 1 MB/s 以下）。

（2）局域网：以专用线路连接，覆盖范围在 1 千米以内，通信速率在兆级以上。

信号微机监测系统的网络是为了实现各站信号微机监测的互联而建立的，可采用多种拓扑结构，采用专用或通用网络协议，比较适应当前铁路的现状，又面向未来的发展。

二、铁路信号集中监测系统组网及网络管理

（一）组网基本原则

（1）采用成熟技术，提高通信的稳定性和可靠性

（2）适应性强，能适应各种通道条件，当通道改善时，通信性能自动提升。

（3）具有网络诊断、管理、维护功能。

（4）有较高的通信效率，能满足系统实时性的要求。

（二）TCP/IP 协议的优点

铁路信号集中监测系统（包括信号微机监测）的组网采用了 TCP/IP 标准协议，而第一代 TJWX 监测系统采用了自定协议的专用通信系统。表 2-1 是两者的性能对比。

表 2-1 微机监测与集中监测性能对比

比较项目	采用专用通信方式系统	采用 TCP/IP 标准协议方式系统
通信程序	自编专用程序	国际标准，商用成熟软件
通信的可靠性	低	高
通道要求	针对特定通道	适应各种通道
通信与应用程序	互相依赖、耦合度大	松散耦合、独立好
通道改进时	重新编程	性能自动提升、与物理通道无关
开发其他应用	须专门开发	有成熟商用软件可用：远程控制、文件传输、对话、讨论、邮件、音频、视频
网络诊断和维护	专门编程	本身具有，无须开发
初次投入设备费	低	较高

（三）广域网通信系统的拓扑结构

对于 TCP/IP 网络，逻辑为对等网，网中任何两台计算机之间均可自由进行 IP 通信。在物理上，标准 TCP/IP 广域网可采用星形或其他形式的拓扑结构，各种通道如模拟、数字、专线、拨号、光纤等可混合使用。为节省通道，通常采用站-站中继的方式，为提高可靠性，可采用环形网方式，这样当通道中断时，仍能保持通信正常，而在正常工作时，可以提高通信速度，在这种方式中，每一车站设路由器一台，在电务段设一台多口路由器。

（四）铁路信号集中监测系统网络管理

铁路信号集中监测系统具有网络管理功能，在任一终端上，均可以图形方式直接显示网络中各节点的连接状态，并可同时显示监测程序的连接状态。为了防止某站发生故障或停电时导致全系统中断，采用以下两种方式予以避免：其一是用电话线短接调制解调器的电话口，停电时跳过调制解调器直接连通；另一种是采用迂回通道，构成回路。

三、铁路信号集中监测系统网络结构

铁路信号集中监测系统的网络结构是由车站基层网、电务段管理网和远程访问用户网三部分组成的，以多级监测管理层自下而上地逐级汇接而成的层次型的计算机广域网络系统。车站基层网由沿线各站主机和车间机（领工区）构成；电务段管理网由一台服务器和若干台终端构成局域网，数据库服务器兼作通信服务器和远程访问服务器，负责监测信息的管理并接收终端用户的访问；远程用户终端可通过拨号网络与电务段服务器或各站工控机连接，索取需要的信息。车间机直接连在基层网中，可以用一台工控机或商用机运行相应软件查询所管辖各站的监测信息。

铁路信号集中监测系统的网络结构是基于铁路的现状而设计的。在铁路沿线，每个段管辖范围往往延伸上百千米，而邻站之间距离仅十余千米，一条铁路线上的通信资源往往很有限，如采用星形拓扑结构，不仅会占用很多通信资源，而且需要增加线路中继；如果采用总线型，虽然占用资源较少，但仍需要增加线路中继。信号集中监测系统的网络结构是采用串联加环路的方式实现的，即一条线路上的各站仅需要一条通道，该通道站站开口，将沿线各站串联在一起，线路末端站再增加一条通道至电务段，使网络成环。网络上传输的数据到达某个站以后，由该站路由器对数据的传输进行路由选择，确定最佳传输路径并将数据传递给下一站，站站接力，直到目的地。

铁路信号集中监测系统是基于通用协议的网络设计，每个站增加网卡、交换机、路由器等网络设备，利用 Windows NT 的固有联网功能，将所有站的监测系统、电务段的服务器和终端、车间机构成一个大的广域网，所有机器如服务器、站机、车间机在网上处于一个对等的地位，相互之间通过 TCP/IP 协议进行网络传输，所有的路由、校验由操作系统和路由器实现，这样就将 TJWX-2006 系统分为网络和监测两部分，监测软件不针对网络设计，网络的升级也不影响监测软件的运行，其扩充性、可靠性得到了很大的提高，其唯一的缺点是一次性投资比较大。

铁路信号集中监测网络系统具有以下技术特点：

（1）技术先进：具有客户/服务器模式，计算机远程访问，软件远程下载，硬件多级隔离，系统自诊断、自恢复等功能。

（2）实用性好：分散、灵活、轻便的监测分机为施工、维护提供方便；全图形中文界面操作简便、易学易用；架构整个电务系统企业内部网。

（3）可维护性强：告警信息实时传递、可视可闻，保证设备故障告警的及时发现并排除；智能判断、故障定位与事故追忆；远程软件在线下载和升级，远程诊断与维修，方便维护人员通过电话网远程访问监测系统，查看数据等。

（4）兼容性完全按照已审查过的信号微机监测系统技术条件。

（5）支持多种传输方式，采用树形网络拓扑，选用多协议路由器作为广域网互联设备，具有灵活多样的组网方式（如 PSTN 拨号方式、路由器环方式、专线方式、DDN/X.25/FR 方式等）；有极强的适应能力，可根据用户的需要，为用户提供灵活适用的网络解决方案，而且网络设备不会因升级而被淘汰。

（6）扩展性方面选用具有良好开放性的 TCP/IP 网络协议和 NT 平台，易于网络的扩充和升级；软、硬件采用模块化设计，升级、维护方便，扩展性强。

铁路信号集中监测基础网络结构图如图 2-9 所示。

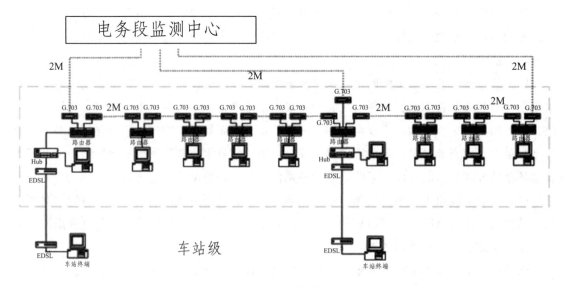

图 2-9   信号集中监测网络结构

复习思考题

1. 铁路信号集中监测系统的层次结构是怎样划分的?
2. 铁路信号集中监测系统电务段子系统的作用是什么?
3. 简述铁路信号集中监测系统电务段子系统结构。
4. 简述车站子系统网络结构。
5. 车站子系统模式是怎样配置的?
6. 采集机按采集对象分为哪些?
7. 常用的采集器有哪些?
8. 简述铁路信号集中监测系统网络的组成。

项目三　铁路信号集中监测系统功能

　　铁路信号集中监测系统以《铁路信号集中监测系统技术条件》（运基信号〔2010〕709号）为依据研制开发，是保证行车安全、加强信号设备管理、反映设备运用质量、提高电务部门维护水平和维护效率的重要行车设备。信号集中监测系统作为铁路电务部门的辅助维修工具正发挥着越来越大的作用。系统利用计算机高速信息处理能力实现对信号基础设备的实时不间断监测。

　　信号集中监测系统通过对监测数据的智能分析，提前对故障隐患进行预警和告警，并通过网络传送到各级信号维护终端，实现对信号设备的集中监测和远程诊断，同时可存储大量现场数据，对分析事故原因也有很大的帮助。本章重点介绍车站子系统功能。

任务一　车站子系统功能

　　在铁路信号集中监测系统中，车站子系统负责监测数据采集、分类、逻辑分析处理、报警、数据统计、汇总、存储、回放等功能，并且通过统一的标准接口与计算机联锁（CBI）、列控中心（CTCS）、TDCS/CTC、智能电源屏、ZPW-2000、智能灯丝等设备通信，获取接口信息，提供统一的显示界面。CSM车站子系统功能的描述如图3-1所示。

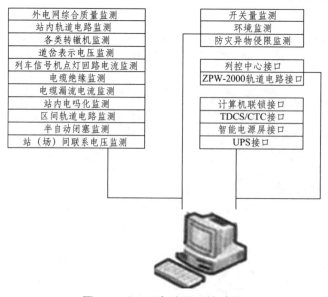

图 3-1　CSM 车站子系统功能

一、车站子系统采集机技术指标

采集机主要负责数据的采集，把采集的数据与暂存模拟量或开关量进行处理后，传送给 CSM 监测系统站机。采集机还要接受并执行 CSM 监测系统站机命令，具有自检和板级故障提示及与站机校核时钟功能。数据采集类内容包括以下方面。

（一）模拟量监测

1. 电源屏监测

1）监测内容

（1）外电网输入相电压、线电压、电流、频率、相位角、功率。

（2）电源屏输入电压、电流。

（3）电源屏输出电压、电流、频率、功率，25 Hz 电源输出电压相位角。

2）监测点

（1）配电箱（电务部门管理）闸刀外侧。

（2）电源转换屏输入端、其他屏的输出端。

（3）智能电源屏通信口。

监测量程如表 3-1 ~ 表 3-4 所示。

表 3-1 电压量程

电压/V	量程/V	电压/V	量程/V	电压/V	量程/V	电压/V	量程/V	电压/V	量程/V
AC 380	0 ~ 500	AC 220	0 ~ 300	AC 110	0 ~ 200	AC 24	0 ~ 50	AC 12	0 ~ 30
DC 220	0 ~ 300	DC 24	0 ~ 50	DC 48	0 ~ 80	DC 12	0 ~ 30	DC 6	0 ~ 10

表 3-2 电流量程（具体电流量程根据实际可做调整）

电源屏类型	量程/A	电源屏类型	量程/A	电源屏类型	量程/A
2.5 kV · A	0 ~ 20	10 kV · A	0 ~ 50	驼峰屏	0 ~ 100
5 kV · A	0 ~ 30	15 kV · A	0 ~ 80	30 kV · A	0 ~ 100

表 3-3 频率量程

电源类型	量程/Hz	电源类型	量程/Hz	相位角
50 Hz	0 ~ 60	25 Hz	0 ~ 30	0° ~ 360°

表 3-4 功率量程

电源屏类型	量程/kW	电源屏类型	量程/kW	电源屏类型	量程/kW
2.5 kV · A	0 ~ 2.5	10 kV · A	0 ~ 10	驼峰屏	0 ~ 30
5 kV · A	0 ~ 5	15 kV · A	0 ~ 15	30 kV · A	0 ~ 30

3）监测精度

电压 ±1%；电流 ±2%；频率 ±0.5 Hz；相位角 ±1%；功率 ±1%。

4）测试方式

站机周期巡测（周期≤1 s）；变化测。电流采用开口式电流互感器检测。

5）采样速率

断相、错序、瞬间断电开关量的采样间隔为 50 ms。电压、电流采样间隔为 250 ms。

6）外电网输入电压报警

（1）输入电压大于额定值的 15%或小于额定值的 20%时报警并记录。

（2）输入电压低于额定值的 65%，时间超过 1000 ms 时断相断电报警并记录。

（3）输入电压低于额定值的 65%，时间超过 140 ms，但不超过 1000 ms 时瞬间断电报警并记录。

（4）对于三相（380 V）输入电源，相序错误时错序报警并记录。

7）电源屏输出电压报警

电源屏输出电压大于额定值的 3%或小于额定值的 3%时报警并记录。

2. 25 Hz 相敏轨道电路监测

监测内容：轨道接收端交流电压、相位角。

监测点：二元二位轨道电路继电器端、局部电压输入端，相敏轨道电路电子接收器端。

监测量程：电压 0～40 V；相位角 0°～180°。

监测精度：电压 ±1%；相位角 ±1%。

测试方式：站机周期巡测（周期≤2 s）；变化测。轨道继电器励磁时测相位角，失磁时不测试相位角。

采样间隔：500 ms。

3. 直流转辙机监测

监测内容：道岔转换过程中转辙机动作电流、故障电流、动作时间。

监测点：动作回线。

监测量程：电流：0～10 A（单机）。动作时间：0～40 s（单机）。

测量精度：电流 ±3%；时间≤0.1 s。

测试方式：根据 1DQJ 条件进行连续测试。

4. 交流转辙机监测

转辙机类型：ZJY 系列液压道岔转辙机，S700 K 系列交流道岔转辙机。

监测内容：道岔转换过程中转辙机动作电流、功率和动作时间。

监测点：保护器输出端。

监测量程：动作电流 0～10 A（单机）；动作时间 0～40 s（单机）；功率 0～5 kW（单机）。

测量精度：电流 ±2%；功率 ±2%；时间≤0.1 s。

测量方式：根据 1DQJ 条件进行连续测试。

5. 道岔表示电压监测

监测内容：道岔表示交、直流电压。

监测点：分线盘道岔表示线。

监测量程：DC：0 ~ 100 V，AC：0 ~ 200 V。

监测精度：±1%。

测量方式：站机周期巡测（周期≤2 s），变化测。

6. 电缆绝缘监测

电缆类型：各种信号电缆。

监测内容：电缆芯线全程对地绝缘。

监测点：分线盘或电缆测试盘处。测试电压：DC 500 V。

监测量程：0 ~ 20 MΩ，超出量程值时显示 ">20 MΩ"。

测量精度：±10%。

测试方式：人工启动、自动测量；人工命令多路测试。

7. 电源对地漏泄电流监测

监测类型：电源屏各种输出电源。

监测内容：输出电源对地漏泄电流。

监测点：电源屏输出端。

监测量程：AC 0 ~ 300 mA，DC 0 ~ 10 mA。

测量精度：±10%。

测试方式：在天窗点内人工启动，通过 1 kΩ电阻测试电源对地漏泄电流值。人工命令多路测试。

8. 列车信号机点灯回路电流监测

监测内容：列车信号机的灯丝继电器（DJ，2DJ）工作交流电流。

监测点：信号点灯电路始端。

监测量程：0 ~ 200 mA。

监测精度：±2%。

测试方式：站机周期巡测（周期≤2 s）；变化测。

9. 防灾异物侵限监测

监测内容：防灾系统与列控系统分界口处接口直流电压。

监测点：分线盘。

量程范围：0 ~ 40 V。

测量精度：±1%。

测试方式：站机周期巡测（周期≤1 s），变化测。

采样间隔：250 ms。

（二）开关量监测

1. 监测类型

按钮状态、控制台表示状态、关键继电器状态等。

2. 监测内容

（1）通过统一的接口和协议从计算机联锁、分散自律式调度集中系统（CTC）等系统获取站场开关量和报警信息。

（2）采集站场表示信息及关键继电器信息：如道岔分表示、1DQJ 继电器等开关量状态。对组合架零层、组合侧面以及控制台的主副熔丝转换装置进行监测、记录并报警。

（3）监测列车信号主灯丝断丝状态并报警，报警应定位到某架信号机或架群。通过智能灯丝报警仪（器）接口获取主灯丝断丝报警等信息。

（三）其他监测内容

（1）提速道岔分表示采集：对提速道岔各个转辙机定反位状态进行监测、显示、存储。

（2）异物侵限接口继电器 YWJ 工作状态。

（3）监测列车信号主灯丝断丝，按信号机架报警，利用招标方提供的室内灯丝断丝报警主机，通过通信接口实现监测。

（4）监测系统应对有源应答器及控制电缆的状态进行监测。

（5）对组合架零层、组合侧面及控制台的主副熔丝转换装置或液压式组合报警断路器进行监测；新建计算机联锁车站，利用本次设计的组合排架报警器，通过通信接口实现监测。

（6）对站内电码化发码、传输继电器状态监测。

（7）对系统自身运行状态、日志、操作和重要事件进行监测。

（8）对监测网络状态进行监测。

二、车站子系统站机软件功能

（一）模拟量测试功能

主要包括对电源、轨道电路、道岔、列车信号机等的测试。

1. 模拟量实时信息测试功能

模拟量的实时信息以电气特性的实时值反馈给用户。当实时值在标准范围内时，实时值字体为黑色；当实时值在标准范围外时，实时值字体为红色，表示电气特性超标。

2. 模拟量日报表信息功能

选择各设备的日报表主界面，选中"日报表"选项，同样可以进入各设备的日报表界面。日报表显示"最大值""最小值"和"平均值"等。

模拟量日报表统计该模拟量一天的情况，对于超出报警线的数值，以红色显示，维护人员需要特别注意。

3. 模拟量日曲线信息功能

日曲线主要描绘模拟量历史变化情况，可以详细记录一天中任意时刻的数值。选择各设备的日曲线主界面，可以设定时间查看所选时间的日曲线信息。

4. 模拟量趋势曲线信息功能

趋势曲线包括日趋势、月趋势和年趋势。

（1）日趋势是指模拟量一天中的变化趋势，以曲线形式展示，直观反映模拟量一天的记录情况。

（2）月趋势记录模拟量一月中的变化趋势，以曲线形式展现。

（3）年趋势记录模拟量一年中的变化趋势，以曲线形式展现。

选择"功能菜单"中的子菜单，可以进入日趋势、月趋势和年趋势曲线主界面。

5. 道岔设备的动作曲线信息功能

（1）选择主菜单进入道岔动作曲线主界面。

（2）可查看本站内所有道岔的动作曲线。

（3）可以设置参考曲线；在查看道岔动作曲线时，与参考曲线比较，辅助判断道岔工作状态。

（二）电缆对地绝缘测试功能

该功能需要手动选择测试：测试电缆绝缘时，首先进入绝缘测试界面，需要输入用户名及密码。选中需要测试绝缘的设备，单击"开始测试"进行绝缘测试，进度栏显示绝缘测试，进度栏显示绝缘测试进度。

测试完成后，绝缘测试表格中会显示绝缘值及测试时间。绝缘测试数值最大显示"＞20 M"，当显示红色字体时，表示绝缘超标，需要进行排查。

（三）电源漏流测试功能

该功能需要手动选择测试，选择进入电源漏流测试主界面，进入电源漏流测试界面需要输入用户名及密码。选中需要测试漏流的设备，单击"开始测试"进行漏流测试，进度栏显示漏流测试进度。

测试完成后，漏流测试表格中显示漏流值及测试时间。当电源漏流测试数值显示红色字体时，表示漏流超标，需要进行排查。

（四）车站实时报警信息功能

当有报警发生时，界面会弹出实时报警框，在工具栏会有报警闪红灯提示。

实时报警框中可以显示报警名称、报警内容、发生时间、恢复时间、报警级别等关键内容，通过查看可以了解报警的简要信息。单条报警还具备回放功能，通过操作可以查看回放信息。

（五）车站历史报警信息功能

进入历史报警查询主界面，选择通过报警类型、报警时间等查询，分别对所有报警信息按照一、二、三级及预警级别分类。

（六）历史回放功能

单击"回放"菜单，进入回放选择界面。在回放选择界面，可以选择是否需要"模拟量"回放，以及选择开始回放的时间及回放的长度：然后进入回放操作界面，此时站场图显示回放开始时刻的信息；回放站场信息根据时间慢慢变化，真实再现历史站场信息。还可以单击查看"开天量""模拟量"等信息，并且通过单击"暂停""加速""减速"等按钮，按需求进行播放。

（七）天窗修设置及查看功能

可在主菜单进行天窗修设置及历史天窗修查询。

（1）天窗修设置：选择天窗修的开始时间，填入检修内容、检修人等信息。

（2）通过天窗修历史查询，可以查看历史天窗修情况。

（3）通过天窗修设置，在天窗修期间产生的报警信息中会增加"检修状态"标记。

（八）模拟量参数修改功能

（1）模拟量参数修改包括修改模拟量的上、下限，标调模拟量的系数等功能。

（2）通过单击"功能菜单"中的模拟量参数设置菜单，进入参数修改主界面。

（3）人工修改上、下限后，系统保存最新的模拟量。

（4）当出现模拟量测试数据与实际测试数据不一致时，可以标调模拟量的系数。

（九）查看运用统计信息功能

统计类型主要包括：设备故障统计、按钮运用统计、信号机开放统计、轨道占用次数统计、破封按钮运用次数统计、道岔动作次数统计等。

（十）通信状态查询功能

（1）选择"通信状态图"或在站场图上单击右键选择"通信状态图"，进入通信状态主界面。

（2）查看"智能接口状态""采集器状态"和"站内系统间状态"。

"智能接口状态"为站机与服务器及各个接口之间的通信状态。红色线代表通信中断；绿色线代表通信正常。

"采集器状态"为站机与接口通信分机所连的各个采集器的通信状态，红色圆圈代表通信中断；绿色圆圈代表通信正常。

"站内系统间状态"为车站内各个信号子系统间的通信状态。红色线代表两个子系统间通信中断；绿色线代表两个子系统间的通信正常；红色方框代表信号设备与 CSM 站机通信中断，绿色框代表信号设备与 CSM 站机通信正常。

任务二　站机界面操作方法

铁路信号集中监测站机作为一个车站的集中管理机，集中处理各种采集机采集的实时信息，并进行显示和存储，同时又为操作人员提供人机界面。根据对信号设备监测的结果，人机界面实现车站作业状态及设备运用状态的实时显示和各种数据的查询功能。站机可将本站监测信息传送到服务器，为实现远程监测和管理提供条件。

一、站机监测系统界面

站机操作有三个主界面，分别为设备状态图界面、站场图界面和分析报告界面，其他界面以子窗体的形式显示。系统启动时，设备状态图界面为默认主界面，系统启动后默认显示界面如图 3-2 所示。

（一）菜单栏信息

（1）设备状态：以图形化的方式展现站场设备的实时状态，包括室外信号机、道岔、轨道等设备和室内电源屏、列控、联锁等设备的运行状态。

（2）站场图：站场图用来实时显示站场中的列车运行情况和关键设备的运行状态。

（3）分析报告：设备分析报告用来向用户集中展示设备故障发生的总体情况、设备报警情况，以及对报警信息的分析统计情况、车站日志浏览记录等内容。

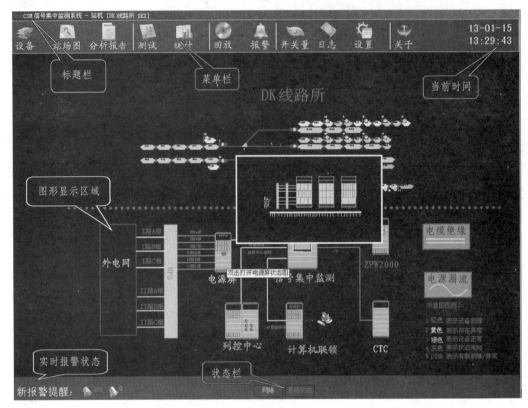

图 3-2　设备状态界面图

（4）日常测试：日常测试包括测试的对象和测试的内容等。测试的对象包括电源、信号机、道岔、区段、区间、电缆绝缘、环境监控、电源漏流、外电网、电码化。测试的内容包括实时值、实时曲线、日报表、日曲线等。

（5）统计：对关键设备运用的次数和关键事件发生的次数进行统计。

（6）回放：用来回放监测历史数据，可以直观地重现车站现场的设备运行情况和查看设备的历史数据。

（7）报警（查询）：对历史报警信息进行查询。

（8）开关量：提供开关量的实时值查看、打印和导出等功能。

（9）日志（记录）：提供对车站运行记录、操作日志、报表浏览记录等信息的查看。

（10）设置：提供对系统的设置和相关资料的查看等。

（11）关于：提供系统的简要介绍；另外点击"关于"菜单下的"帮助"子菜单，可打开系统的操作手册，其中包括信号集中监测系统的基本功能和使用方法。

（12）当前时间：显示当前时间的年、月、日、小时、分钟、秒。

（二）状态栏信息

状态栏主要显示的是 CAN 通信状态和网络通信状态。

（1）网络：显示监测站机与监测服务器的连接状态。

（2）系统状态：显示监测分机与站机 CAN 连接状态。

红色代表"连接中断"，绿色代表"连接正常"。

（三）实时报警

"新报警提醒"栏红色铃铛表示"报警"，灰色铃铛表示"预警"。

点击报警提醒铃铛，可以查看相应的报警信息。下面以报警为例，介绍实时报警处理的常用操作。

点击"报警"铃铛，打开报警"新报警提醒"窗口，如图 3-3 所示。

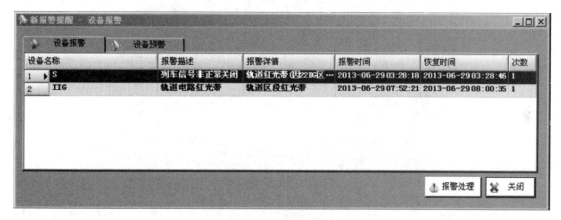

图 3-3 新报警提醒

用左键选择要处理的报警，点击"报警处理"按钮，打开报警处理窗口，如图 3-4 所示。

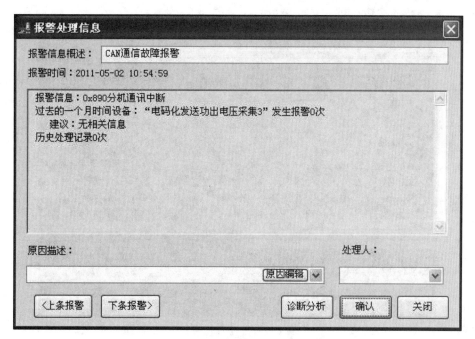

图 3-4 报警处理信息

点击"原因编辑"按钮，打开"报警原因编辑"对话框，如图3-5所示。

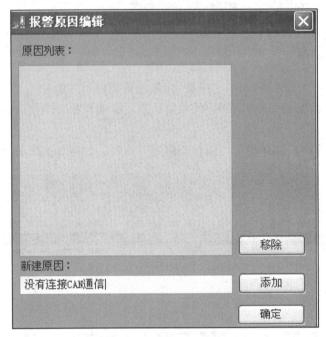

图 3-5   报警原因编辑

输入新建原因，点击"添加"按钮，将新建原因添加到原因列表。如果要移除原因列表中的项，可以左键点击该项，然后点击"移除"按钮，可以将该原因项删除。

当用户想查看某一项报警当时的现场信息，以便更清楚地了解故障发生前后的情况时，可点击"诊断分析"按钮，进入诊断分析界面。如图3-6所示。

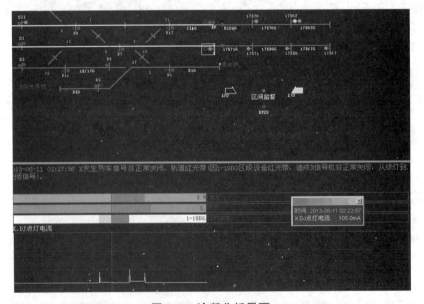

图 3-6   诊断分析界面

在诊断分析界面可以回放发生故障时前 3 min 和后 2 min 的站场信息、站场图及曲线部分实时站场状态界面，并增加了回放控制条，能够将故障设备用黄框圈住，便于查看。当回放界面处于非自动缩放状态时，该界面将发生报警的设备显示在站场图中间，方便用户快速找到报警设备；在道岔类故障发生时，工具栏中增加了"电流曲线"按钮，用于查看发生故障时道岔动作电流曲线。红色竖条所在时间即为报警时间。

点击"开始回放"按钮后系统会自动回放，如果用户想改变回放的开始时间，可以手动拖动白色竖条下面的白色方框进行任意查看。

点击"设备预警"按钮，再点击"报警"铃铛，可以接着处理预警。打开报警"新报警提醒"，三级报警和预警的新报警提示窗口如图 3-7 所示。

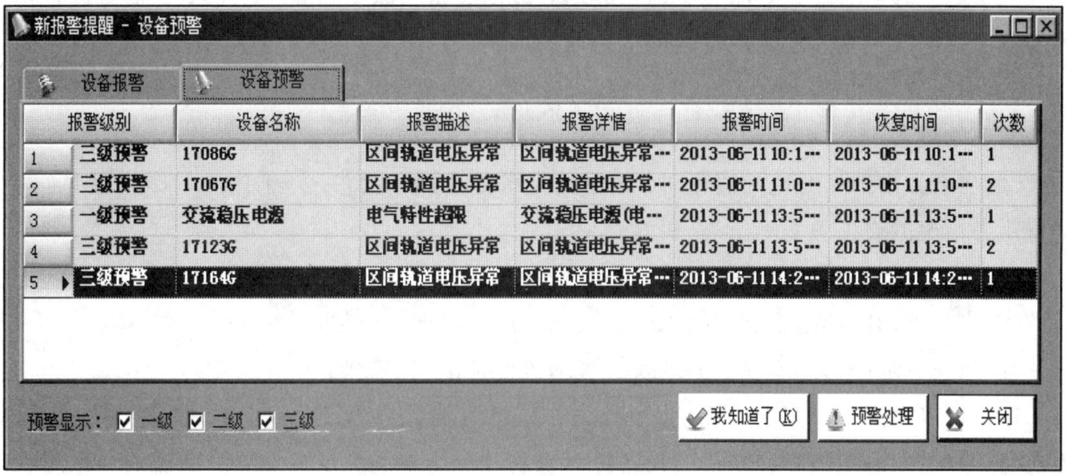

	报警级别	设备名称	报警描述	报警详情	报警时间	恢复时间	次数
1	三级预警	17086G	区间轨道电压异常	区间轨道电压异常…	2013-06-11 10:1…	2013-06-11 10:1…	1
2	三级预警	17067G	区间轨道电压异常	区间轨道电压异常…	2013-06-11 11:0…	2013-06-11 11:0…	2
3	一级预警	交流稳压电源	电气特性报警	交流稳压电源（电…	2013-06-11 13:5…	2013-06-11 13:5…	1
4	三级预警	17123G	区间轨道电压异常	区间轨道电压异常…	2013-06-11 13:5…	2013-06-11 13:5…	2
5	三级预警	17164G	区间轨道电压异常	区间轨道电压异常…	2013-06-11 14:2…	2013-06-11 14:2…	1

预警显示：☑ 一级 ☑ 二级 ☑ 三级   ✔ 我知道了(K)   ⚠ 预警处理   ✖ 关闭

图 3-7 新报警提示

选择报警项，点击"我知道了"按钮，"最新报警提示"窗口中将不再提示这些预警信息。

（四）设备状态图

1. 窗口简介

系统状态图显示了车站所有的设备，以分线盘为分割，分线盘上边为室外设备的运行状态，分线盘下边为室内设备的运行状态。室外设备中，三角形图形元素表示道岔设备，圆形图形元素表示信号机设备，六边形图形元素表示轨道设备。室外设备运行状态图与站场图相对应，每个图形元素对应一个具体的设备，并有符号标识，这样用户就可以对所有室外设备的运行状态有清晰直观的了解。

（1）系统通过设置不同的颜色来标识具体设备的运行状态：

① 当设备图形元素颜色为绿色时，表示该设备运行正常。

② 当设备图形元素颜色为黄色时，表示该设备存在未解决的异常。

③ 当设备图形元素颜色为红色时，表示该设备存在未解决的故障。

④ 当设备图形元素出现黄色闪烁时，表示该设备出现了异常。

⑤ 当设备图形元素出现红色闪烁时，表示该设备出现了故障。

分线盘下边为室内设备的运行状态图，包括电源屏设备、ZPW-2000 设备、列控设备、计算机联锁设备、CTC 设备、临站设备等与信号集中监测系统的连接状态和该设备的运行状态。

（2）室内设备运行状态图中，通过设置连接线的颜色来表示设备之间的连接状态。

① 当连接线颜色为绿色时，表示设备连接正常。

② 当连接线颜色为红色时，表示连接出现故障或异常。

③ 当连接线颜色为灰色时，表示连接状态未知。

（3）用长方形图形元素加文字标识表示具体的设备，如电源屏、CTC 等，通过设置长方形图形元素的颜色来表示具体设备的运行状态。

① 当长方形图形颜色为绿色时，表示该设备运行正常，处于主机工作状态下（对于具有主备情况的设备）。

② 当长方形图形颜色为黄色时，表示该设备处于异常状态，处于备机工作状态下（对于具有主备情况的设备）。

③ 当长方形图形颜色为灰色时，表示该设备运行状态未知。

④ 当长方形图形出现黄色闪烁时，表示该设备出现了异常。

⑤ 当长方形图形出现红色闪烁时，表示该设备出现了故障。

用户可以通过左键双击标识不同设备的长方形图形来查看该设备具体的工作状态。这样用户每天只需对发生故障和异常的设备进行查看和分析就能满足日常维护的需要。系统状态界面如图 3-8 所示。

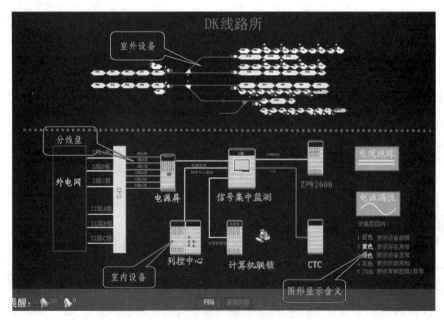

图 3-8　系统状态图界面

2. 操作方法

（1）状态图放大缩小：在设备状态图界面上，用户通过向上或向下滑动鼠标滚轮，可以以鼠标为中心进行设备状态图的放大或缩小；按住鼠标左键，移动鼠标，可以实现对设备状态图的拖动操作。

（2）室外设备属性信息提示：将鼠标移动到室外设备上时，会出现如图3-9所示的浮动窗口，提示设备的相关属性信息。

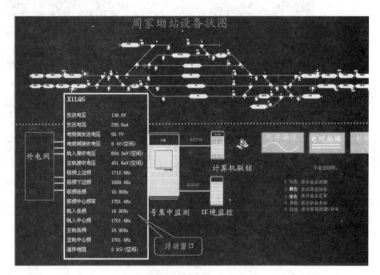

图 3-9　浮动窗口界面

（3）室外设备详细信息查看：双击室外设备图形元素时，会出现设备详细信息窗口。在设备详细信息窗口中，用户可以通过勾选采集项中的复选框，查看不同采集项的实时曲线、年月趋势曲线、日趋势曲线。

点击"当天报警"按钮，弹出"实时曲线"窗口，如图3-10所示

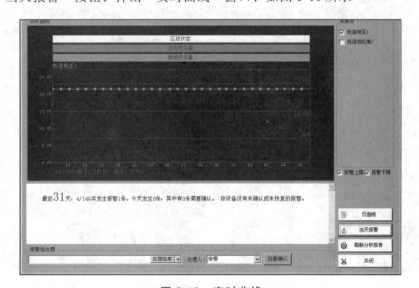

图 3-10　实时曲线

点击设备详细信息窗口中的"日曲线"按钮，可以打开设备的日曲线窗口，查看该设备的日曲线信息，如图 3-11 所示。

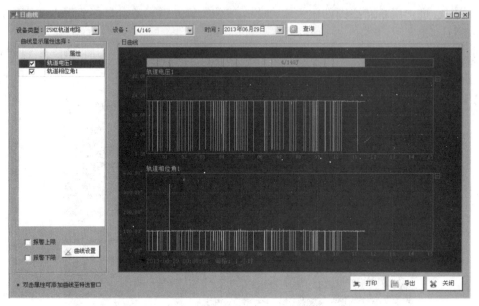

图 3-11   日曲线

（4）室内设备运行状态查看：将鼠标移动到室内设备图标上时，鼠标会变为手型形状，同时以浮动窗口的形式显示该室内设备的运行状态。例如，将鼠标移动到计算机联锁设备图标上时，会出现如图 3-12 所示的浮动窗口。

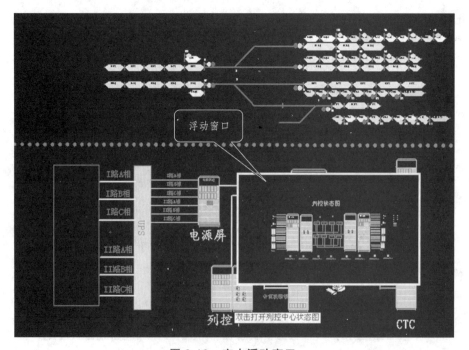

图 3-12   室内浮动窗口

双击出现浮动窗口的设备图形元素，用户可以查看该设备的具体工作状态。例如，双击列控设备的图形元素，查看列控设备的工作状态。

列控状态图窗口的左侧用图形元素表示列控设备的工作状态，生动直观，便于用户直观地了解列控设备的工作状态；右侧以表格形式表示具体的列控设备的工作状态，同时窗口右上侧提供了对具体列控设备状态的查询设置；窗口的右下侧提供了对列控设备工作状态的导出和打印工作按钮。其他室内设备的工作状态图与列控设备相似。

（5）重要设备日常测试功能查看：如图 3-13 所示，点击室内设备左侧的电缆绝缘、电源漏流等设备图形元素，用户可以打开其日常测试窗口。

图 3-13　重要设备日常测试窗口

以点击"电缆绝缘"图形元素为例，打开电缆绝缘日常测试窗口，如图 3-14 所示。

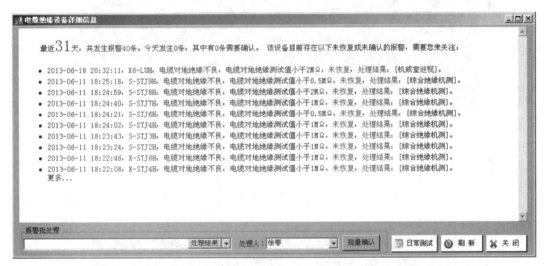

图 3-14　电缆绝缘日常测试窗口

（五）站场图

信号集中监测的站场图界面与 TJWX-2006 型微机监测站场图界面相同，通过开关量状态来显示道岔、信号机、轨道等设备的状态，以及排进路等信息。站场图界面如图 3-15 所示。

在站场图界面上，当用户想拖动站场图仔细查看某一部分时，可以使用鼠标对站场图进行上、下、左、右拖动。用户可以根据自己的习惯选择是否对站场图进行自动缩放。取消"自动缩放"后（单击"自动缩放"按钮，在选中自动缩放和取消自动缩放之间进行切换，注意按钮底色的变化），之前为灰色不可用状态的"放大""缩小""还原"按钮都变为可用状态。

站场图处于非自动放缩状态时，站场图的大小不会随着显示区域（可以将鼠标放在站场图界面与曲线显示界面的交接处，当鼠标变为拖动符号后单击左键进行上下拖动）的变化而放大或缩小。在非自动放缩状态下，通过单击这些菜单对站场图进行放大、缩小或者还原，再切换到自动缩放状态后，站场图就会随着显示区域而放大或缩小。也可以使用鼠标的滚轮来放大和缩小站场图。

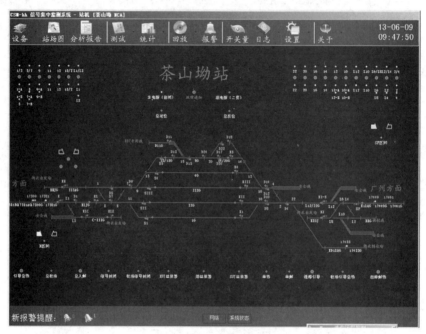

图 3-15　站场图界面

站场图操作方法：

（1）右键菜单：将鼠标移动到轨道电路图形元素上，点击鼠标右键，出现如图 3-16 所示右键菜单。

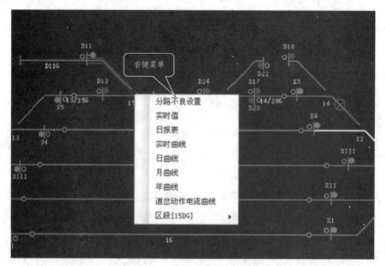

图 3-16　轨道电路右键菜单

点击"分路不良设置"选项，可以设置该区段的分路不良状态，如图 3-17 所示。

勾选相关选项复选框，设置颜色，填写原因和设置人，点击"确定"按钮，设置设备的分路不良状态，在站场图中该设备会以两条红线环绕的形式标识为分路不良状态，如图 3-18 所示。

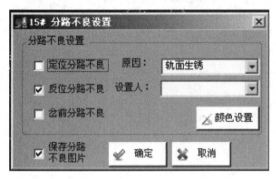

图 3-17　分路不良设置

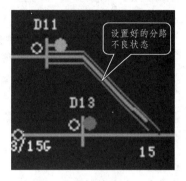

图 3-18　设置好的分路不良标识

（六）分析报告

1. 分析报告界面

分析报告界面（见图 3-19）是对系统运行状态和工作人员系统操作记录的汇总，包括对设备报警情况、设备电气特性超限情况、分路不良情况和报表浏览记录等信息。

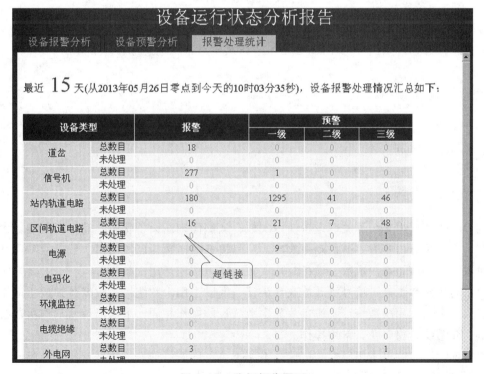

图 3-19　分析报告界面

2. 操作方法

报警信息查看：将鼠标移动到报警信息超链接上，点击可以查看"报警列表"窗口，如图 3-20 所示。

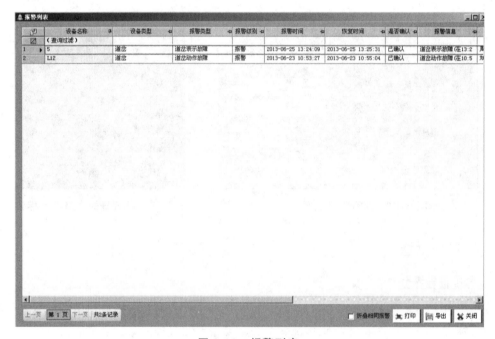

图 3-20　报警列表

报警列表窗口列出了发生报警的设备、报警类型、报警级别、报警时间、报警恢复时间等报警信息，并通过点击"打印""导出"按钮实现对报警信息的打印和导出。

（七）日常测试

日常测试的设备包括铁路电务部门日常需要测试的项目，如轨道电路等。日常测试具体方法参考本章第三节。

（八）运用统计

统计功能主要用来统计关键设备使用次数，从侧面判断设备状态，间接指导维护设备提供依据。主要统计内容有：道岔动作次数、信号机开放次数、区段占用次数、故障通知按钮运用次数、列调按钮运用次数、设备故障次数、破封按钮运用次数。

道岔动作次数统计、信号机开放次数统计、区段占用次数统计、故障通知按钮运用次数统计、列调按钮运用次数统计、设备故障次数统计的操作相同，下面以道岔动作次数统计窗口为例，介绍统计窗口及其常用操作。

在"统计"主菜单下用鼠标左键选择不同子菜单，即可进入该类别统计信息窗口。点击"道岔动作次数统计"选项，进入道岔动作次数统计窗口，如图 3-21 所示。

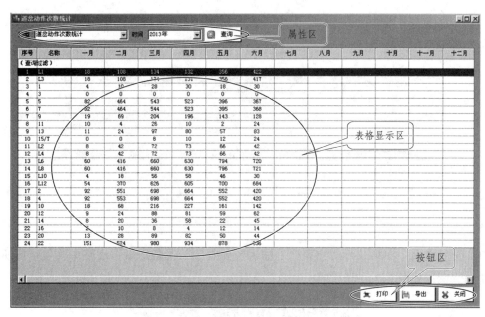

图 3-21 单项设备统计

1. 窗口简介

统计信息对话框以年为单位显示各设备每月统计信息。

统计窗口由属性区、表格显示区、按钮区组成。

属性区包括：窗口名称、"类型"下拉框、"时间"下拉框。"类型"下拉框用来选择不同的统计类型；"时间"下拉框用来选择不同的历史年份。

表格显示区的第一行为表头，第二行为查找输入行，其他为数据区。数据区每行内容依次为每路设备相应的设备名称、各月份测试值、合计值。

按钮区包括"打印""导出""关闭"等按钮，分别用来实现统计信息的打印、导出和窗口的关闭。

2. 操作方法

（1）统计类型切换：在窗口左上方的"统计类型"窗口进行切换，可切换到其他类型的统计信息窗口，如图 3-22 所示。

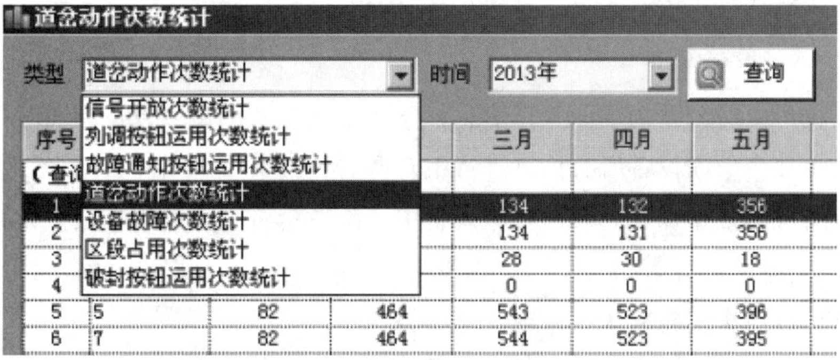

图 3-22 统计类型切换窗口

（2）时间切换：在窗口上方的时间窗口进行切换，可切换到不同历史年份的统计信息，如图 3-23 所示。

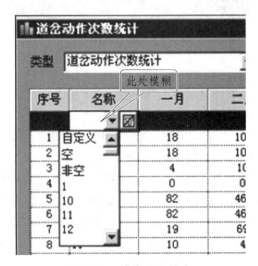

图 3-23　统计时间切换窗口

（3）模糊查询：在第二行的空表格中输入想要查找的设备信息，表格中会显示出所要模糊查询的信息，如图 3-24 所示。

图 3-24　模糊查询信息

（九）回放功能

回放功能作为信号集中监测系统重要的组成部分，对故障分析有着重要的意义，主要功能如下：

（1）可以将历史时刻站场平面状态信息、设备电气参数测试信息进行同时再现。

（2）可以将几个关联设备所有信息进行组合调看。

（3）可以对故障数据保存到移动存储设备中，随意携带，也可以在任意计算机上进行历史信息回放。

（4）可以播放历史实时曲线，再现变化趋势。

（5）可以按时间变化顺序单独显示变化开关量状态信息，方便查找故障。

1. 窗口简介

点击菜单栏中"回放"菜单，打开回放窗体，如图3-25所示。

回放由"回放程序"和"再现回放"两个窗体组成，"回放程序"窗体用来显示站场图界面和设备状态界面；"再现回放"窗体是控制窗体，实现对回放的控制。

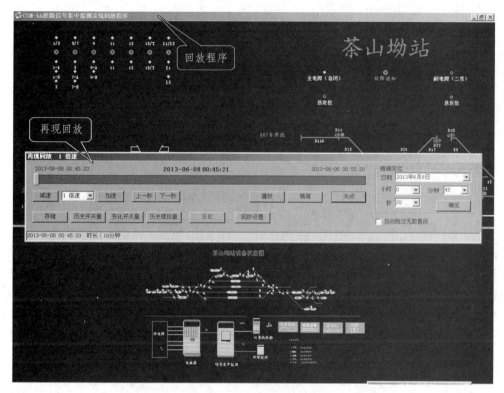

图3-25 回放窗体

2. 操作方法

（1）时间设置：选中回放时间显示框中的某个时间，例如，回放时间设为3点，先选中"小时"，一种方式是通过键盘直接输入3；另外一种方式是点击向上的箭头直至3出现。此时将回放3点时刻的数据，如果输入的时间超过了可回放的时间，则不能成功设置。

（2）站场图、状态图查看：打开回放窗口后，即可看到站场图，选择某个历史时间即可查看站场历史状态。点击鼠标右键，可进行站场图"放大""缩小"及"还原"操作。当把鼠标放在某个设备上时，即可显示设备名称。此外，站场图可进行上下左右拖动。在回放窗体主界面为站场图窗口时，点击回放窗体中的"设备状态"按钮，即可查看设备状态图回放窗体，回放窗体中设备状态图的操作与程序正常模式下的设备状态图操作相同。

（3）播放：设置完回放时间后，点击"播放"按钮，窗口中即开始回放设置时间的数据；可以通过点击"加速""减速"按钮来实现回放速度的控制。

（4）开关量查看：点击"历史开关量"按钮，打开"全体开关量"窗体，如图3-26所示。

图 3-26　全体开关量

开关量窗口中的"状态"显示的是开关量的当前状态,向上的箭头表示设备状态有效(用绿色表示),向下的箭头表示设备状态无效(用蓝色箭头表示)。

用户双击某路开关量,可以将其加入"用户特选窗口"中,如图 3-27 所示。该"全体开关量"窗口中的其他操作与开关量实时值窗口中的操作相同。

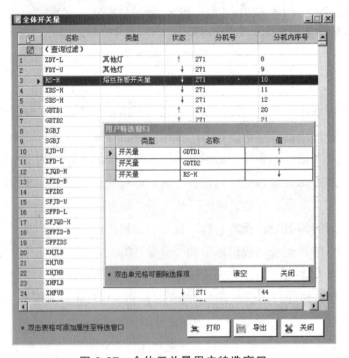

图 3-27　全体开关量用户特选窗口

（5）模拟量查看：点击"历史模拟量"按钮，打开"回放模拟量"窗口，"回放模拟量"窗口的操作与"模拟量实时值"窗口的操作相同，如图3-28所示。

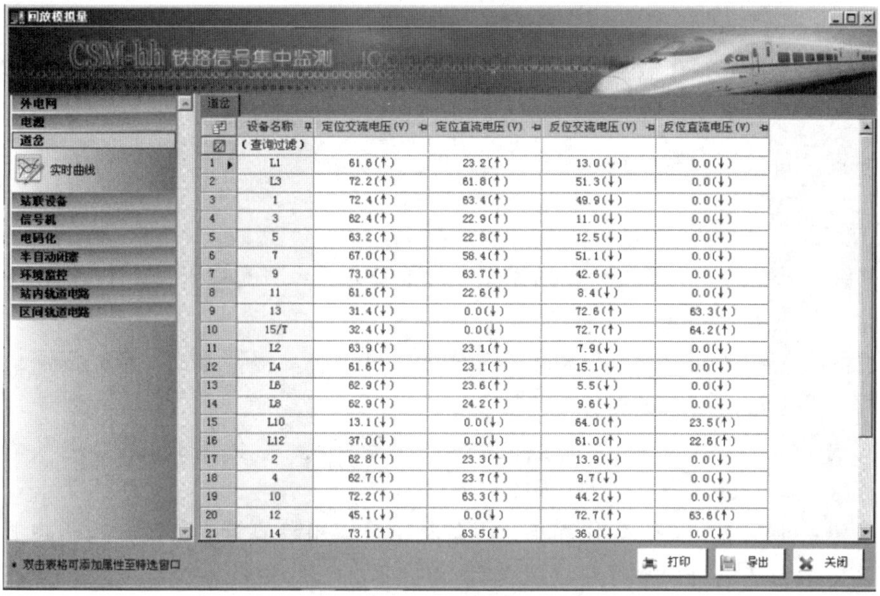

图3-28 回放模拟量窗口

（6）回放数据的存储：回放数据可实现再现方式存储和离线文件存储，离线存储文件可进行离线回放，并且离线回放具有和在线回放同样的功能。

设置存储的数据时间（最多可存储60 min的数据），点击"确定"按钮，即可进入回放保存模式选择窗口，如图3-29所示。保存模式分为"存储再现文件"和"存储到磁盘"两种，当选择"存储再现文件"时，回放数据就会被保存为再现文件，存储路径为E:\station\XAY\DAT0\再现（假设站场为××站，其电报码为×××），当选择"转储到移动磁盘"时，选择存储路径，即可进行离线文件存储。

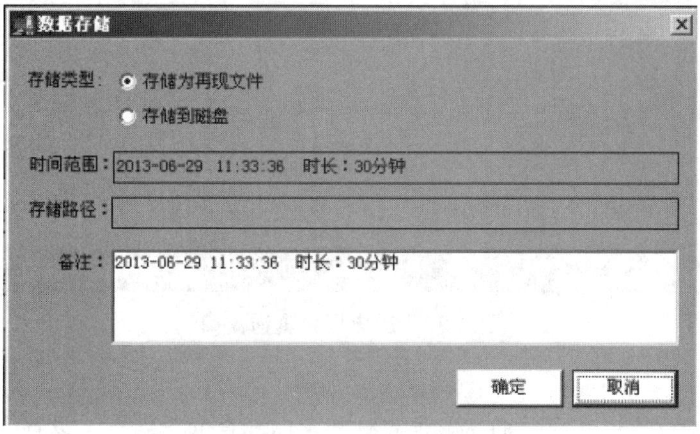

图3-29 数据存储窗口

从主菜单"回放"菜单下拉菜单中可以看到"回放"和"再现"两个菜单回放是对存储在站机上的 10 天之内的信息进行回放，再现是对转储为再现文件信息的回放。

（十）报警查询

报警功能作为信号集中监测重要组成部分，包括：实时报警、历史报警查询、自定义报警条件、报警跟踪、报警统计等。报警查询主要功能：根据设备故障性质产生三类报警和预警并及时通告，备历史报警查看。

1. 三类报警和预警

（1）一级报警：涉及行车安全的信息报警。报警方式：声光报警，人工确认后停止报警，并通过网络上传到各级终端。

（2）二级报警：影响行车或设备正常工作的信息报警。报警方式：声光报警，报警后延时自动停报，并通过网络上传到各级终端。

（3）三级报警：电气特性超限或其他报警。报警方式：红色显示报警，电气特性恢复正常后自动停报，可通过网络上传到车间/工区终端。

（4）预警：根据电气特性变化趋势，设备状态及运用趋势等进行逻辑判断并预警。报警方式：预警显示为蓝色。预警可通过网络上传到车间/工区终端。

2. 历史报警查询界面（见图 3-30）

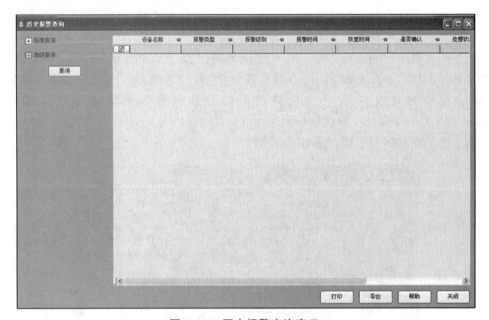

图 3-30　历史报警查询窗口

操作方法：

（1）标准查询设置：在窗口的左上角，打开"标准查询"结点，设置查询级别和查询时间，如图 3-31 所示。

图 3-31　标准查询窗口

点击"查询"按钮，在表格区可以查看查询结果。

（2）高级查询设置：打开"高级查询"结点，设置高级查询，如图 3-32 所示。

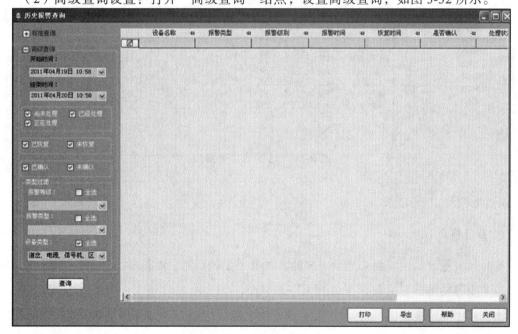

图 3-32　高级查询窗口

高级查询设置包括查询的开始时间和结束时间、报警处理信息、报警恢复信息、报警确认信息、报警等级、类型和设备类型等的设置，可以实现更精切的报警查询。

点击"查询"按钮，在表格区可以查看高级查询结果。

（3）关联信息查看：在报警查询结果表格区，右击任一查询结果项，弹出右键菜单项，如图 3-33 所示。

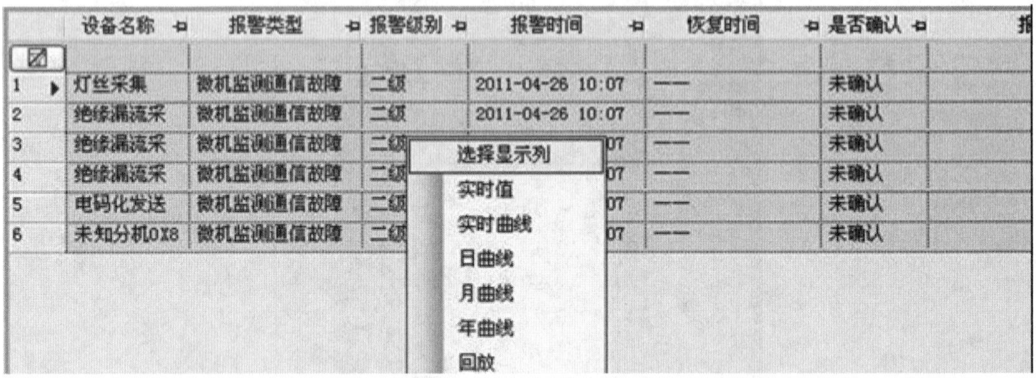

图 3-33　右键菜单项目

选择实时值、实时曲线、日曲线等选项，可以打开与该报警相关设备的实时值窗口、实时曲线窗口、日曲线窗口等。

（4）选择显示列：选择右键菜单中"选择显示列"选项，弹出"选择显示列"窗口，设置在报警结果显示表格中显示的列，如图 3-34 所示。

图 3-34　选择显示列窗口

（十一）开关量

1. 窗口简介

实时开关量窗口主要用来显示采集的各种开关量的状态，具有查找、打印、导出为 Excel 表格、帮助等功能。开关量界面如图 3-35 所示。

该窗口中间为表格区："名称"表示设备的名称，"类型"表示该设备的类型，"状态"表示该设备的状态。状态分三种：吸起（↑）、落下（↓）、未知，未知表示该设备对应的监测下位机采集板卡（其他设备接口）与监测上位机通信中断。"分机号"指该设备对应的板卡号（或其他接口），"分机内序号"指该设备对应板卡（或其他接口）内的具体位置。

图 3-35　开关量窗口

2. 操作方法

（1）模糊查询：在第二行的空表格中输入想要查找的设备名称，表格会以模糊匹配的形式显示所要查找的设备。例如，查找包含字母"L"的查询结果如图 3-36 所示。

图 3-36　模糊查询窗口

（2）打印和导出功能：操作方法与其他打印和导出功能相同。

（3）帮助与关闭：操作方法与其他帮助与关闭相同。

（十二）日志记录

日志记录用于记录系统运行日志、用户操作日志、用户报表浏览记录、控制台按钮运用次数记录、载频切换码等。日志记录菜单及子菜单如图3-37所示。

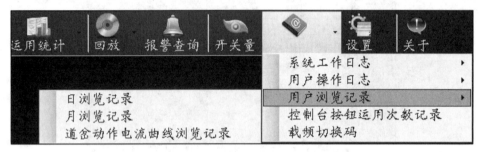

图3-37　日志记录窗口

下面以用户浏览记录为例介绍日志记录操作。

（1）日浏览记录：点击日志记录子菜单，浏览记录下的日浏览记录菜单，如图3-38所示，打开日浏览记录窗口可以查看单日的用户浏览记录，还可以切换查询时间选择其他日期的浏览记录，在第二行的空表格中输入想要查找的设备名称进行模糊查询。

序号	报表名称	打开时间	关闭时间	持续时间
	（查询过滤）			
		2013-06-11 06:19:46	2013-06-11 06:20:49	00:01:03
		2013-06-11 09:06:02	2013-06-11 09:06:05	00:00:03
1	外电网电压实时值	2013-06-11 15:59:43	2013-06-11 15:59:46	00:00:03
		2013-06-11 16:01:29	2013-06-11 16:01:55	00:00:26
		2013-06-11 16:39:04	2013-06-11 16:39:07	00:00:03
2	外电网电压日报表	2013-06-11 06:19:48	2013-06-11 06:19:56	00:00:08
3	外电网电压日曲线	2013-06-11 06:20:16	2013-06-11 06:20:47	00:00:31
		2013-06-11 06:19:46	2013-06-11 06:20:49	00:01:03
		2013-06-11 09:06:02	2013-06-11 09:06:05	00:00:03
4	外电网基波电压实时值	2013-06-11 15:59:43	2013-06-11 15:59:46	00:00:03
		2013-06-11 16:01:29	2013-06-11 16:01:55	00:00:26
		2013-06-11 16:39:04	2013-06-11 16:39:07	00:00:03

图3-38　日浏览记录窗口

（2）月浏览记录：点击日志记录子菜单浏览记录下的月浏览记录菜单，还可以在对话框上方的时间下拉框选择查询时间切换到其他日期的浏览记录，在第二行的空表格中输入想要查找的设备名称进行模糊查询，如图3-39所示。

图 3-39　月浏览记录窗口

（3）道岔动作电流曲线浏览记录窗口。打开道岔动作电流曲线浏览记录窗口可以查看单日的浏览记录，还可以在对话框上方的时间下拉框选择查询时间，切换到其他日期的日浏览记录，在第二行的空表格中输入想要查找的设备名称进行模糊查询，如图 3-40 所示。

序号	名称	调看次数	打开时间	关闭时间	持续时间
（查询过滤）					
1	L1	1	2013-06-29 06:44:15	2013-06-29 06:44:17	00:00:02
2	L3	2	2013-06-29 06:44:17	2013-06-29 06:44:23	00:00:06
			2013-06-29 06:44:23	2013-06-29 06:44:25	00:00:02
3	1-A	1	2013-06-29 06:44:25	2013-06-29 06:44:26	00:00:01
4	1-B	1	2013-06-29 06:44:26	2013-06-29 06:44:27	00:00:01
5	3	1	2013-06-29 06:44:27	2013-06-29 06:44:29	00:00:02
6	5	2	2013-06-29 06:44:29	2013-06-29 06:44:30	00:00:01
			2013-06-29 06:44:30	2013-06-29 06:44:33	00:00:03
7	7-A	1	2013-06-29 06:44:33	2013-06-29 06:44:34	00:00:01
8	7-B	1	2013-06-29 06:44:34	2013-06-29 06:44:35	00:00:01

图 3-40　道岔动作电流曲线浏览记录窗口

（十三）设　　置

设置菜单及子菜单如图 3-41 所示。下面按照设置子菜单顺序依次介绍各项操作。

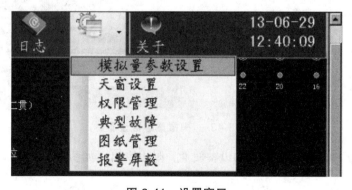

图 3-41　设置窗口

1. 参数设置

如果是当前有用户登录，而且该用户具有"模拟量参数设置"的权限，点击"参数设置"选项，会打开参数设置窗口。如果没有用户登录，或者登录用户没有"模拟量参数设置"权限，会弹出"用户信息"窗口，如图 3-42 所示。

图 3-42   用户信息窗口

输入用户信息和密码，点击"确定"按钮，打开模拟量参数设置窗口，如图 3-43 所示。

图 3-43   模拟量参数设置

在类型选择框中选择设备类型和设备属性，弹出窗口，如图 3-44 所示。

图 3-44 模拟量参数设置

点击"修改固定参数"按钮，系统将修改配置文件中该设备属性的配置。

设置测试值（系统根据测试值自动填写）和实际值（人工实际测试的数值），点击"修改参数"按钮，系统将修改配置文件中线性系数的配置。

注意：勾选"此类型所有模拟量"复选框，系统将修改该属性类型所有设备的配置。

2. 天窗设置

天窗修设置用于设置和查看天窗修记录信息。天窗修界面如图 3-45 所示。

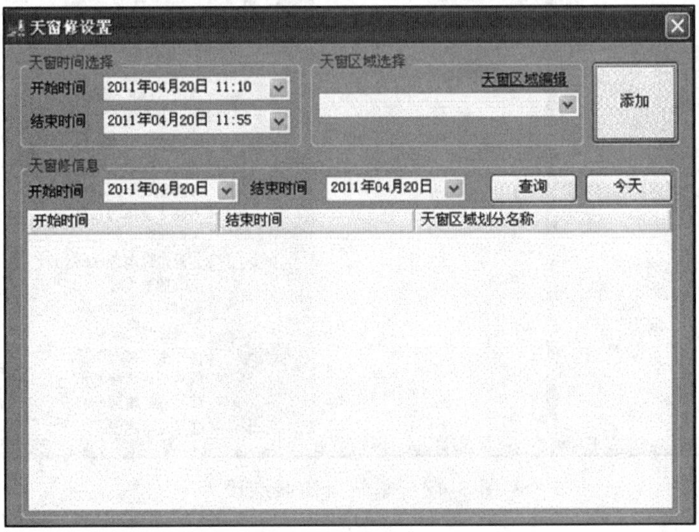

图 3-45 天窗修设置窗口

（1）天窗区域添加：在"天窗时间选择"面板中设置"开始时间"和"结束时间"，选择天窗区域。

点击"添加"按钮，即完成天窗区域的添加，在天窗修信息列表中可以看到新添加的天窗修信息，如图 3-46 所示。

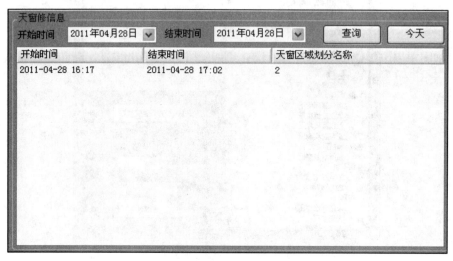

图 3-46　天窗修信息

（2）天窗区域编辑：点击"天窗区域编辑"，弹出"车站天窗区域设置"窗口，继续在天窗区域点击鼠标右键，弹出"添加"菜单，点击"添加"，弹出天窗区域添加对话框，如图3-47 所示。

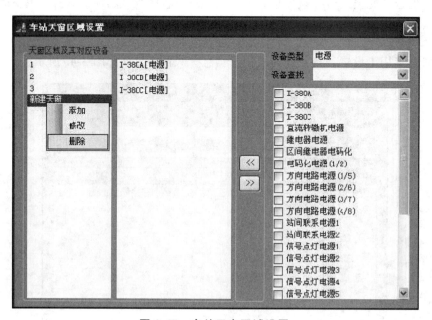

图 3-47　车站天窗区域设置

设置"天窗区域名称"，点击"添加"按钮后，完成天窗区域的添加，也可以对其进行修改或删除。填写天窗区名称，再确定，完成天窗区域增加，如图 3-48 所示。

图 3-48　车站天窗区域名称设置

选择天窗区域名称，选择设备类型，在设备列表中勾选设备，然后点击"《"按钮，即可将设备添加到天窗区对应设备列表中，如图 3-49 所示。

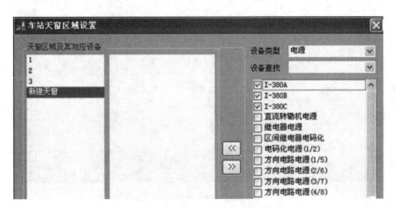

图 3-49　车站天窗区域名称设置

（3）天窗修信息查看：在"天窗修信息"面板中，设置"开始时间"和"结束时间"，点击"查询"按钮，在下边列表中会列出该时间段的天窗修信息，如图 3-50 所示。

图 3-50　天窗修信息

点击"今天"按钮，可以查看当天的天窗修信息。

在内中右键点击天窗信息，弹出右键菜单，点击"删除"项，可以删除该天窗信息，如图 3-51 所示。

图 3-51　天窗修信息删除窗口

3. 配置选项窗口

配置选项窗口用来设置权限管理和模拟量参数修改，其界面如图 3-52 所示。

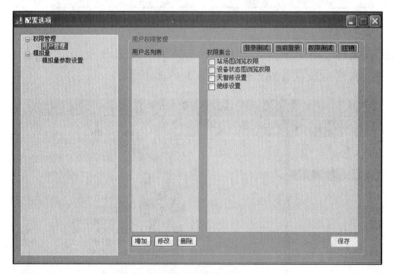

图 3-52　配置选项窗口

（1）用户信息管理：点击窗口左侧"用户管理"选项，在窗口右侧的"用户权限管理"区域，点击"添加"按钮，弹出"用户信息"对话框，设置用户信息，将在用户名列表中添加新的用户，如图 3-53 所示。

图 3-53　用户信息和用户权限管理窗口

（2）用户权限设置：选中要设置权限的用户，在权限设置框中勾选用户权限，点击"保存"按钮，完成用户权限设置，如图 3-54 所示。

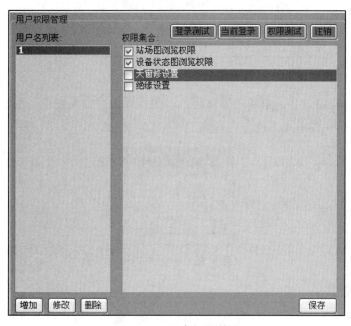

图 3-54　用户权限管理

（3）用户权限查看：点击"登录测试"按钮，弹出"用户信息"窗口，输入用户信息，点击"确定"按钮，弹出登录成功提示框，如图 3-55 所示。

图 3-55　用户信息

点击"当前登录"按钮，弹出"当前登录用户"提示框，如图 3-56 所示。

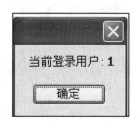

图 3-56　当前登录用户

点击"权限设置"按钮，弹出"用户权限"提示框，如图 3-57 所示。

图 3-57　用户权限

点击"注销"按钮，会注销当前登录用户，再次点击"当前登录"按钮，弹出无用户登录提示框，如图 3-58 所示。

图 3-58　无用户登录

4. 自定义报警界面

（1）新建报警流程：点击"报警流程管理"窗口下侧的"新建报警流程"，或者在报警流程列表框中点击鼠标右键，在弹出的快捷菜单中选择"新建报警流程"选项，会在报警流程列表中添加"新建报警流程 1"，同时在窗口右侧出现新建报警流程的设置信息，如图 3-59 所示。

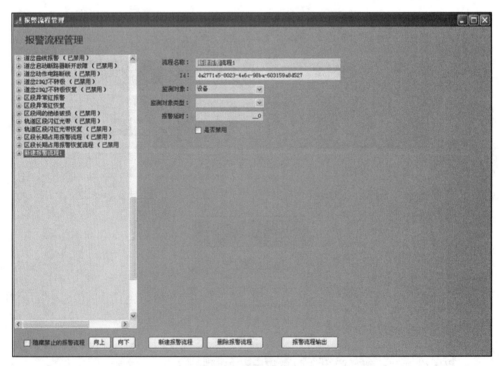

图 3-59　报警流量管理

在窗口右侧设置"流程名称""Id""监测对象""是否禁用"等信息，如图 3-60 所示。

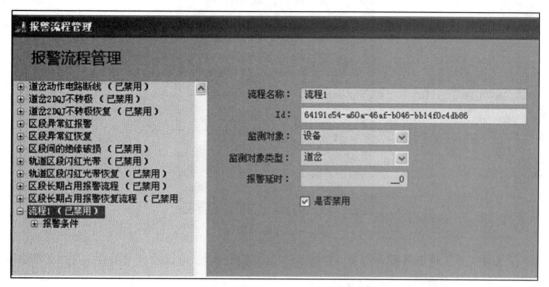

图 3-60　报警流量管理窗口右侧设置

点击新建报警流程下的"报警条件"，可以在窗口右侧设置报警条件，如图 3-61 所示。

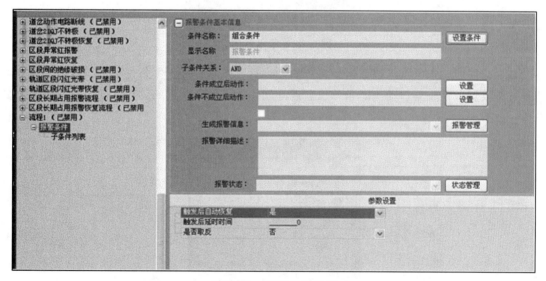

图 3-61　报警条件设置

选择条件：点击该数据条左侧的"设置条件"按钮，可以打开"选择条件"对话框，如图 3-62 所示。

选择报警条件，点击"确定"按钮即可设置报警条件。

显示名称：对于"条件名称"为"复合条件"的报警流程，该项无法设置；对于其他条件名称，可以在此处设置显示的报警名称。

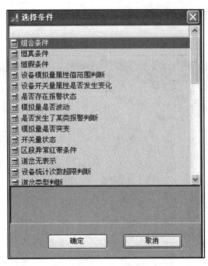

图 3-62　选择条件

子条件关系：对于报警条件为"复合条件"的报警流程，可以设置子条件关系，如图 3-63 所示，对于其他报警条件，不设置该项。

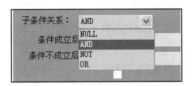

图 3-63　子条件关系

条件成立后动作：点击该数据条右侧的"设置"按钮，打开"条件动作"窗口，通过勾选复选框设置条件成立后动作。条件成立后的动作可以是一系列的动作，即可以勾选多个复选框，如图 3-64 所示。

图 3-64　报警条件动作

条件不成立后动作：条件不成立后的动作设置与条件成立后的动作设置相同。

生成报警信息：如果"条件成立后动作"和"条件不成立后动作"中将产生报警的流程，可以设置该项；如果"条件成立后动作"和"条件不成立后动作"中都没有产生报警，则不设置该项。

通过右侧的数据条设置生成的报警信息，如图 3-65 所示。

图 3-65　设置后生成的报警信息窗口

点击该数据条右侧的"报警管理"按钮，弹出"报警类型管理"窗口，如图 3-66 所示。

图 3-66　报警类型管理窗口

在"报警类型管理"窗口中，可以新建、删除、修改报警类型，点击"新建"按钮，弹出"报警类型"窗口，如图 3-67 所示。

图 3-67　报警类型窗口

在"报警类型管理"窗口中选择报警类型，然后点击"删除"或"修改"按钮，可以实现对报警类型的删除和修改。

报警详细描述：报警详细描述是对报警信息的文字性描述，在文本框中直接输入描述信息即可，如图 3-68 所示。

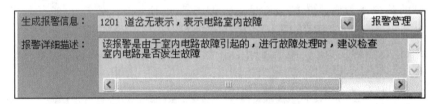

图 3-68　报警详细描述

报警状态：点击右侧的数据条按钮，在下拉列表中设置报警状态，如图 3-69 所示。

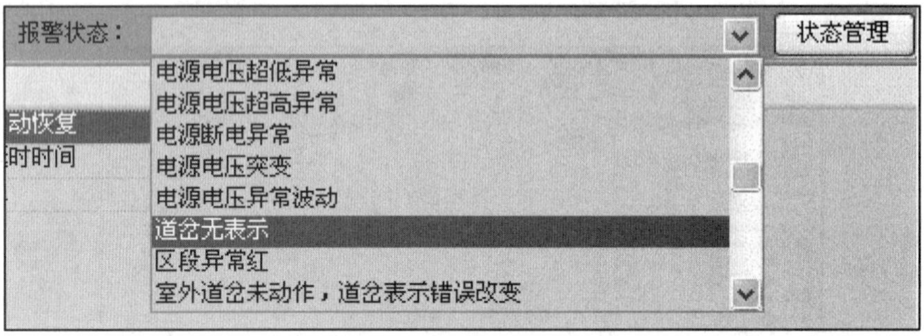

图 3-69　报警状态

点击"状态管理"按钮，弹出"报警状态管理"对话框，可以新建、删除和修改报警状态，如图 3-70 所示。

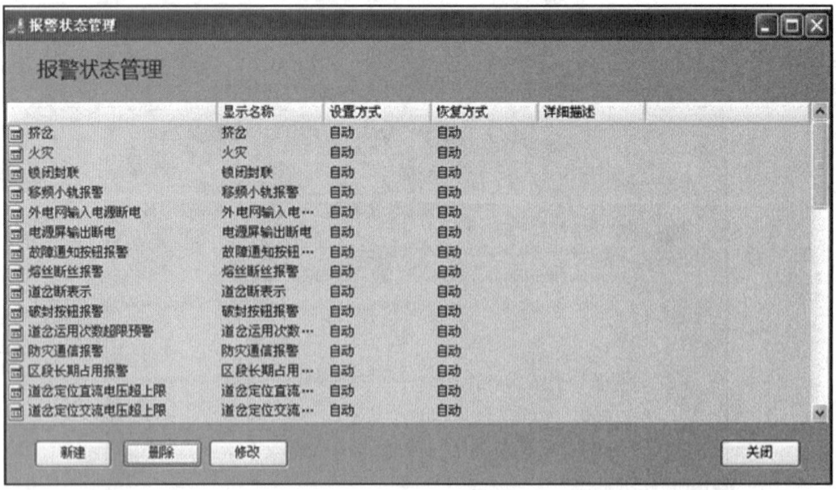

图 3-70　报警状态管理

点击"新建"按钮，弹出"报警状态模版"对话框，可以设置新的报警状态，如图 3-71 所示。

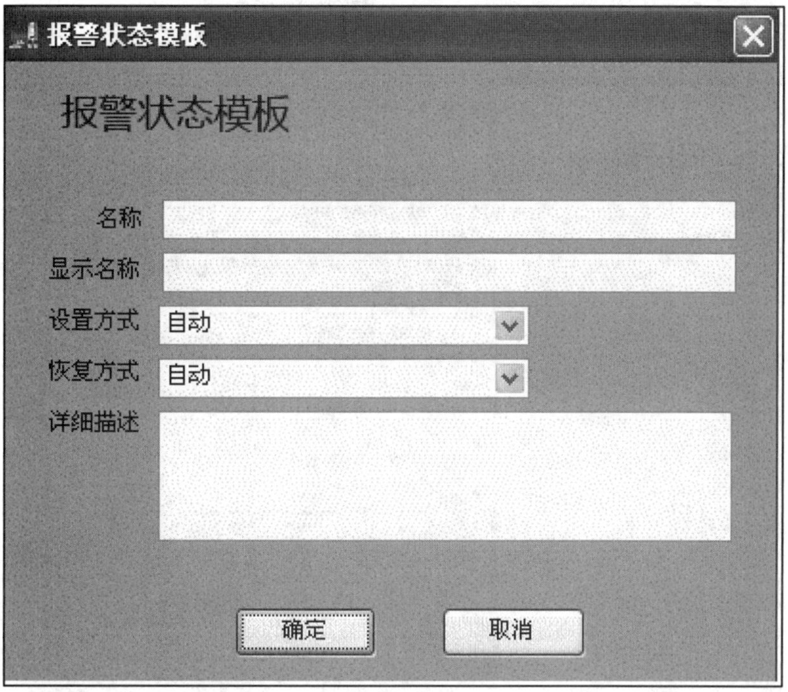

图 3-71　报警状态模版

在"报警状态管理"窗口中，用鼠标左键点击选择要修改的报警状态，然后点击"删除"或"修改"按钮，可以删除或修改报警状态。

右键点击"子条件列表"，在弹出的右键菜单中选择"添加条件"选项，如图 3-72 所示。

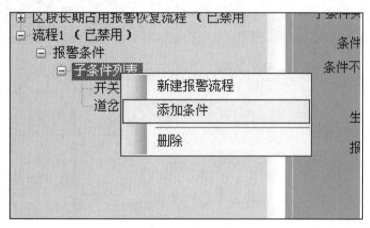

图 3-72　子条件列表

在弹出的"选择条件"窗口中，选择子条件，如图 3-73 所示。子条件的设置与报警条件的设置操作相同。

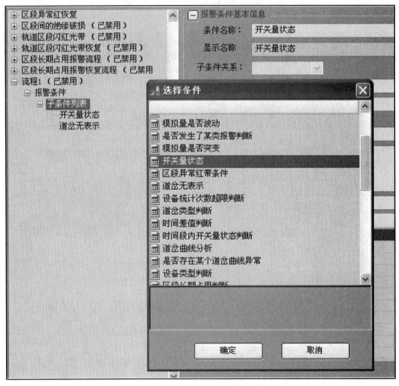

图 3-73　选择条件

（2）删除报警流程：用鼠标左键在报警流程列表中点击要删除的报警流程，然后点击"删除报警流程"按钮，系统会删除该报警流程。

（3）报警流程输出：点击"报警流程输出"按钮，如图 3-74 所示。

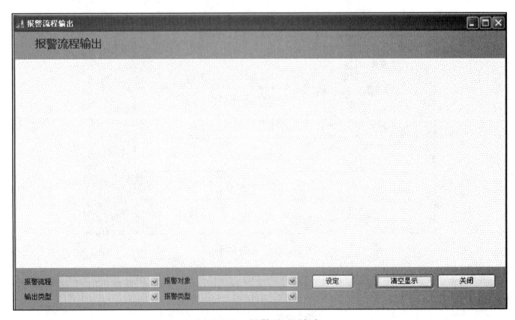

图 3-74　报警流程输出

（4）隐藏禁止的报警流程：勾选"隐藏禁止的报警流程"复选框，可以隐藏禁止显示的对话框，如图 3-75 所示。

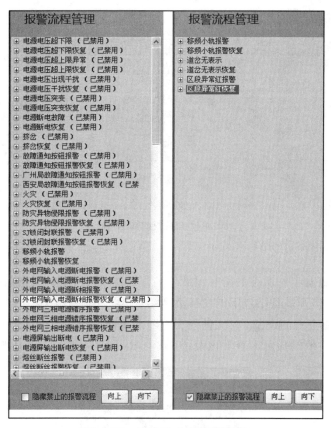

图 3-75　隐藏禁止的报警流程

（5）报警流程排序：用鼠标左键选中要进行排序的报警流程，点击"向上""向下"按钮，可以设置该报警流程在报警流程列表中的顺序。如图 3-76 所示。

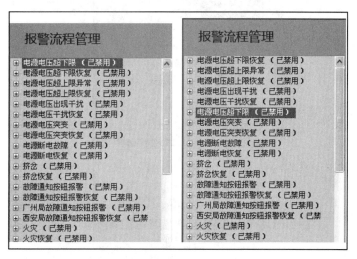

图 3-76　隐藏禁止的报警流程

5. 典型故障管理

可以将典型的故障（案例）保存到故障库供参考和学习。同时可以对典型故障库中的案例进行转储。典型故障界面如图 3-77 所示。

图 3-77　典型故障管理

6. 图纸查看

图纸查看用于查看本站所存的所有图纸信息，以便及时准确地处理故障。

（1）图纸查看：打开设备结点下的设备类型结点，可以看到该类型的设备列表，如图 3-78 所示。左键点击想要查看的设备，在文件列表中会出现该设备具有的文件。单击"外电网.jpg"文件，即可在窗口右侧的显示区查看该设备。

图 3-78　图纸管理

（2）增加文件：选择要增加文件的设备类型或设备，点击窗口左下侧的"增加文件"按钮，弹出"打开"窗口。例如，在相区段结点设备下添加文件，过程如图3-79所示：选中区段设备结点，点击"增加文件"按钮，弹出"打开"对话框，点击"打开"对话框中的"打开"按钮，将文件添加到文件列表中。

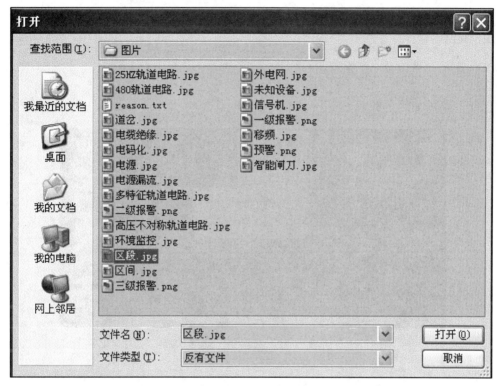

图 3-79　打开窗口

（3）修改文件名称：在文件列表中选中要修改的文件，点击"文件列表"下的"修改名称"按钮，弹出"重命名"对话框，如图3-80所示。

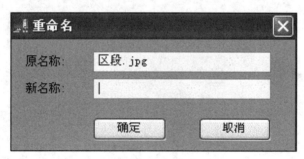

图 3-80　重命名

设置文件的新名称，然后点击"确定"按钮，即可实现文件名称修改。

（4）删除文件：选中要删除的文件，然后点击"文件列表"下的"删除文件"按钮，弹出"文件删除确认"对话框，如图3-81所示。点击"是"按钮，或者用键盘输入"Y"或"y"即可删除文件。

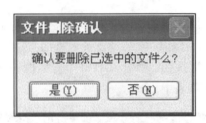

图 3-81　文件删除确认

（十四）"关于"菜单

"关于"菜单如图 3-82 所示。

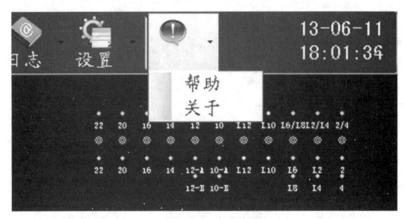

图 3-82　"关于"菜单

关于："关于"菜单项是对系统的简要介绍，点击后弹出如图 3-83 所示窗体。

图 3-83　关于铁路信号集中监测简介

帮助：点击"关于"菜单下的"帮助"子菜单，打开系统的操作手册，主要介绍了铁路信号集中监测系统的基本功能和使用方法，如图 3-84 所示。

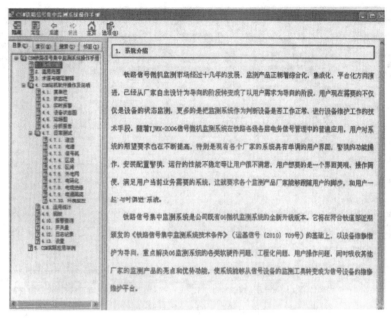

图 3-84　帮助手册

任务三　站机调阅"日常测试"方法

日常测试是电务部门维修设备和故障处理的一项重要手段,信号设备测试周期有日、月、季、年等测试周期;根据信号设备测试项目,CSM 铁路集中监测日常测试项目包括道岔、电源、信号机、区段、区间、外电网、电码化、电缆绝缘、电源漏流、环境监控、熔丝监测点、锁闭封联、UPS、站联电压、防灾继电器、高压不对称轨道电路等监测点。

点击"日常测试"菜单,打开日常测试窗口,日常测试窗口的主界面默认为道岔设备实时值界面,如图 3-85 所示。

一、日常测试设备类型主要功能

(一)外电网

外电网设备日常测试的功能包括:实时监测并显示外电网输入电压、电流、频率、相位差、功率等测试值,并以报表形式显示外电网电源每日测试变化的最大值、最小值、平均值,同时以曲线的形式显示电源屏接入前外电网输入变化的趋势。

外电网设备日常测试的显示内容包括外电网设备属性的实时值、实时曲线、日曲线、月曲线、日报表、年曲线、外电网故障曲线。

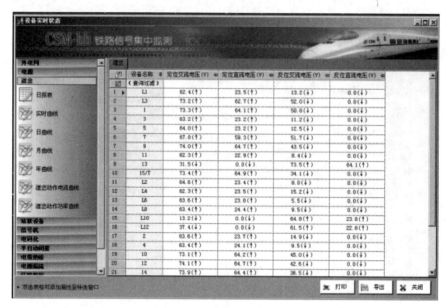

图 3-85　设备实时状态

（二）电　源

电源设备日常测试的功能包括：实时监测显示电源屏输入、输出电压、电流、功率、频率、相位角测试值，并以报表形式显示各设备电源每日测试变化的最大值、最小值、平均值，同时以曲线的形式显示各电源设备电气参数变化的趋势。

电源设备日常测试的显示内容包括电源设备属性的实时值（如电压、电流、功率等）、实时曲线、日曲线、月曲线、日报表、年曲线。

（三）信号机

信号机设备日常测试的功能包括：实时监测显示列车信号机的灯丝继电器（DJ，2DJ）工作电流测试值，并以报表形式显示各设备每日测试变化的最大值、最小值、平均值，同时以曲线的形式显示各设备电气参数变化的趋势。

信号机设备日常测试的显示内容包括信号机设备属性的实时值（DJ、2DJ、黄灯、红灯等）、实时曲线、日曲线。

（四）道　岔

道岔设备日常测试的内容包括：实时监测并显示各道岔表示交、直流电压测试值，DBJ、FBJ、1DQJ 等的实时状态，并以报表形式显示各道岔设备表示电压每日测试变化的最大值、最小值、平均值，同时以曲线的形式显示各电源设备电气参数变化的趋势。实时监测并记录各道岔转换过程中转辙机动作电流、故障电流、动作时间，方便电务人员维护道岔设备。

道岔设备日常测试的显示窗口包括道岔设备属性的实时值（如定位直流电压、定位交流电压、ZD、ZF 等）、实时曲线、日曲线、月曲线、日报表、年曲线、道岔动作电流曲线等窗口。

（五）站内轨道电路

站内轨道电路 25 Hz 轨道电路为例进行介绍。站内轨道电路日常测试的功能包括：实时监测显示电压、相位角测试值，并以报表形式显示各设备每日测试变化的最大值、最小值、平均值，同时以曲线的形式显示各设备电气参数变化的趋势。

站内轨道电路设备日常测试的显示内容包括区间设备属性的实时值、实时曲线、日曲线、月曲线、日报表、年曲线。

（六）区间轨道电路

区间轨道电路以区间 ZPW（UM）2000 系列轨道电路为例进行介绍。区间设备日常测试的功能包括：实时监测显示区间移频发送器发送电压、电流、载频、低频测试值，显示区间移频接收器轨入、轨出 1（主轨）、轨出 2（小轨）电压、载频、低频测试值，显示区间移频电缆模拟网络电缆侧发送电压、接收电压测试值，并以报表形式显示各设备每日测试变化的最大值、最小值、平均值，同时以曲线的形式显示各设备电气参数变化的趋势。

区间设备日常测试的显示内容包括区间设备属性的实时值、实时曲线、日曲线、月曲线、日报表、年曲线。

（七）电码化

电码化设备日常测试的功能包括：实时监测显示站内发送盒功出电压、发送电流、载频及低频频率测试值，并以报表形式显示各设备每日测试变化的最大值、最小值、平均值，同时以曲线的形式显示各设备电气参数变化的趋势。

电码化设备日常测试的显示内容包括道岔设备属性的实时值、实时曲线、日曲线、月曲线、日报表、年曲线。

（八）电缆绝缘

电缆绝缘设备日常测试功能：

测试车站室外信号电缆芯线全程对地绝缘，并以报表形式显示各信号电缆每次测试绝缘值、测试时间，同时以曲线的形式显示各信号电缆对地绝缘变化的趋势。电缆对地绝缘测试提供两种测试方式：自动测试和手动测试。

手动测试：需要人工干预对手工测试窗口中的信号电缆进行测试，可进行单测、选测、全测。

自动测试：系统会每天按着设定的时间点自动对已设置的信号电缆绝缘进行测试。自动测试窗口同时提供手工测试功能：可进行单测、选测、全测。自动测试的电缆绝缘在每天固定的时间会自动进行测试，减少了人工劳动。

电缆绝缘设备日常测试的显示内容包括道岔设备属性的实时值月曲线、日报表、年曲线。

（九）电源漏流

电源漏流设备日常测试的功能包括：测试车站电源屏各种输出电源对地漏泄电流，并以报表形式显示各种输出电源对地漏泄电流测试值、测试时间，同时以曲线的形式显示各种输出电源对地漏泄电流变化的趋势。

电源漏流设备日常测试的显示内容包括道岔设备属性的实时值、月曲线、日报表、年曲线。

（十）环境监控

环境监控设备日常测试的功能包括：测试车站电压、电流、温度、湿度等，并以报表形式显示各种输出测试值、测试时间，同时以曲线的形式显示各环境监控设备电气参数变化的趋势。

环境监控设备日常测试的显示内容包括道岔设备属性的实时值、实时曲线、日曲线、月曲线、日报表、年曲线。

二、实时值窗口

（一）窗口简介

设备实时值窗口由左侧按钮区、右侧表格区和下侧按钮区组成，如图 3-86 所示。

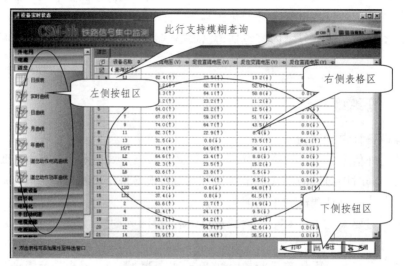

图 3-86　设备实时状态窗口

左侧按钮区包括：设备类型按钮，设备类型下的测试内容按钮，如实时曲线按钮、日曲线按钮等。操作人员可以点击日常测试子菜单中的设备类型选项直接查看该设备的日常测试内容，也可以进入日常测试界面后，点击按钮区的设备类型进入相应设备的日常测试界面。

下侧按钮区包括：打印、导出、帮助、关闭。分别用于打印、导出、查看帮助信息、关闭当前窗口。

表格区的第一行为表头，第二行为查找输入行，其他部分为数据区。数据区每行内容依次为每路设备相应的设备名称和各属性测试值。

（二）操作方法

（1）实时值显示：对设备各个属性实时值进行显示，如果该设备无某一种属性，以"——"进行显示；如果某个模拟量通信中断，则以"未知"进行显示，如图 3-87 所示。

（2）报警提示：表格中的实时测试数据每秒刷新一次，黑色的数字表示测试值在规定的上下限范围内，红色的数字表示测试值超上（或下）限，如图 3-87 所示。

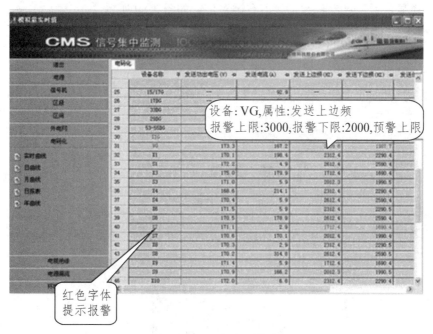

图 3-87 设备实时状态

（3）模糊查询：在第二行的空表格中输入想要查找的设备名称，表格会以模糊匹配的形式显示所要查找的设备。

（4）信息提示：将鼠标移动到设备的某单元格数据上时，会弹出设备名称、设备属性、设备报警、预警设置等信息。例如，将鼠标移动到 73/77 号道岔设备的定位直流电压属性实时值单元格上时，出现如图 3-88 所示的提示信息。

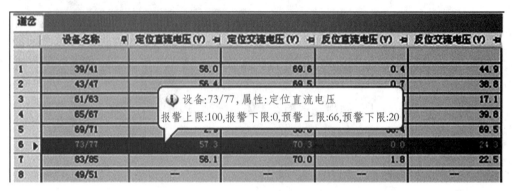

图 3-88　信息提示

（5）设备类型切换：点击实时值窗口左侧按钮区的不同设备类型按钮，可以打开该设备类型的实时值窗口。

（6）信息关联：在实时值窗口，用鼠标左键点击表格中的设备，该设备以蓝色突出显示，然后点击道岔按钮下的日曲线、日报表等按钮，会调出该设备的日曲线、日报表等窗口。或者选中设备后，点击鼠标右键调出右键菜单，选择查看的选项，即可调出相应窗口。

（7）选择显示列：点击右键，弹出右键菜单，如图 3-89 所示。

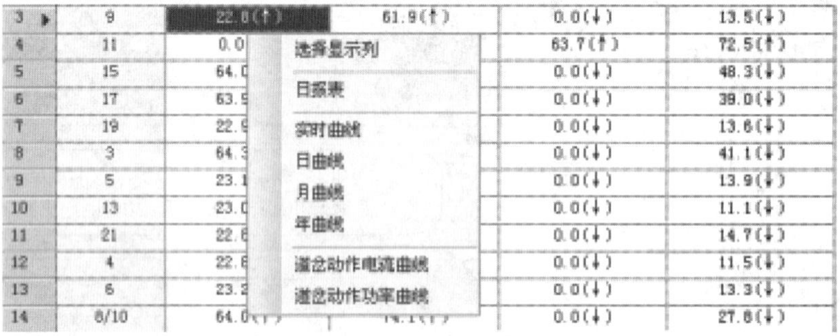

图 3-89　右键菜单

点击"选择显示列"选项，调出选择显示列窗口，设置在显示区域显示的设备属性，如图 3-90 所示。

图 3-90　选择显示列信息

（8）添加属性到特选窗口：双击表格区设备行，可以将该设备属性添加到用户特选窗口中，如图 3-91 所示。

（9）打印、导出、帮助、关闭与其他操作相同，这里不再介绍。

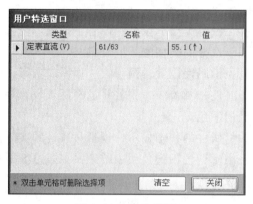

图 3-91　特选窗口

三、实时曲线窗口（以道岔为例）

（一）窗口简介

在设备实时值窗口，点击道岔设备下的实时曲线按钮，或者点击鼠标右键选择"实时曲线"选项，调出实时曲线窗口，如图 3-92 所示。

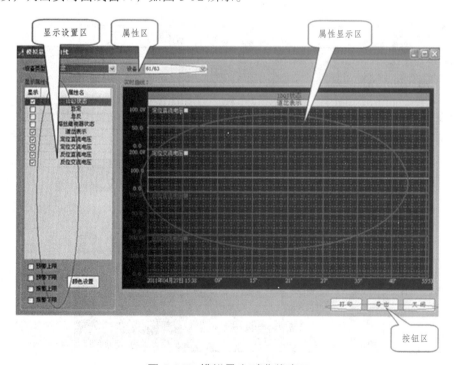

图 3-92　模拟量实时曲线窗口

实时曲线窗口以动态曲线的形式实时显示当前设备的电气参数变化趋势，用条形图颜色表示设备的定反表、1DQJ状态等，从而帮助分析设备是否故障或者是否老化。

实时曲线窗口分为四部分：上面为属性区，中间部分左侧为显示设置区，中间部分右侧为属性显示区，曲线下面为按钮区。

属性区包括：窗口名称、设备类型下拉框、设备下拉框。设备类型下拉框用于选择不同的设备类型；设备下拉框用于选择同类型的不同设备。

显示属性设置区包括：显示属性设置，预警线、报警线选择，颜色设置。显示属性设置用于选择在右侧显示的设备属性；预警线、报警线选择用于设置是否显示预警线和报警线；颜色设置用于设置实时曲线的颜色。

属性显示区包括：开关量属性的状态显示，模拟量属性的实时曲线显示。开关量状态由表示开关量的图形元素颜色表示，各种颜色代表的意义如表3-5所示。实时曲线是以每秒钟的模拟量数值画成的曲线，纵坐标为测试值，单位是 V；横坐标为时间，单位是 s。背景为网格，网格中有绿色的数值曲线，以及红色的电压上限、电压下限表示线。曲线区域内的每个"点"都可以"提示文本框"的形式提示"坐标值"，提示内容为"模拟量值、单位、值时间、日期（日）"。

表 3-5　开关量图形颜色含义

道岔表示	黄色	绿色	灰色	红绝
	反位	定位	无表示	定反位同时吸起
1DQJ	绿色	灰色		
	吸起	落下		
RS	红色	灰色		
	吸起	落下		

（二）操作方法

（1）设备类型切换：在窗口左上方设备类型下拉框选择不同设备类型，可切换到其他设备类型的实时曲线窗口，如图3-93所示。

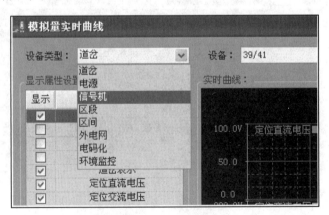

图 3-93　设备类型切换

（2）同类型设备切换：在窗口右上方设备名称下拉框选择不同设备名称，可切换到相同类型其他设备的实时曲线，如图 3-94 所示。

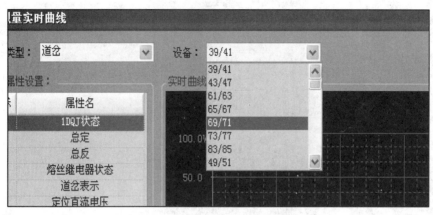

图 3-94　同类型设备切换

（3）显示属性设置：在显示属性设置区，可以通过勾选设备属性复选框，选择在属性显示区显示的属性。

（4）报警预警线设置：勾选窗口左下侧的"预警线（调整）""报警线（调整）"复选框，可以在显示区域中显示设备的预警线和报警线，如图 3-95 所示。

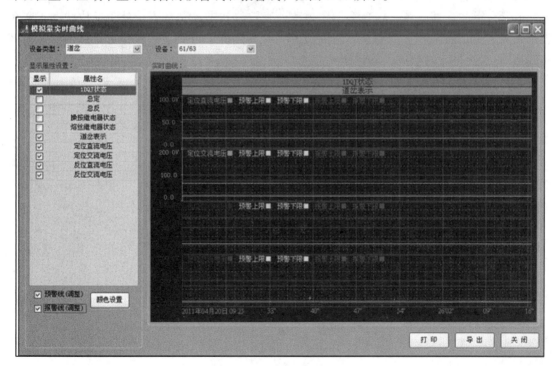

图 3-93　报警预警线设置

（5）曲线颜色设置：点击"颜色设置"按钮，可以设置属性实时曲线的颜色，如图 3-96 所示。

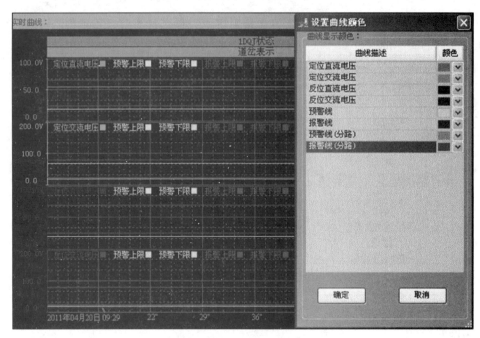

图 3-96　曲线颜色设置

（6）实时值显示：显示区域中，以条形图颜色表示开关量状态，如图 3-97 所示。

道岔表示图形的颜色：绿色表示该道岔处于定位状态；黄色表示处于反位状态，灰色表示未知状态。将鼠标移动到模拟量曲线上时，在鼠标下方会显示鼠标选择点的测试时间和数值。

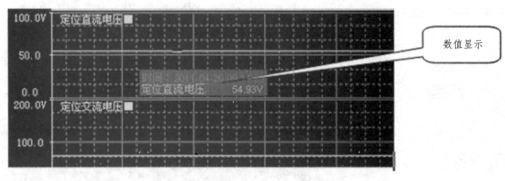

图 3-97　浮动窗口显示

四、日曲线窗口（以道岔为例）

（一）窗口简介

点击道岔设备下的日曲线按钮，或者通过鼠标右键菜单选择日曲线选项，**调出日曲线窗口**，如图 3-98 所示。

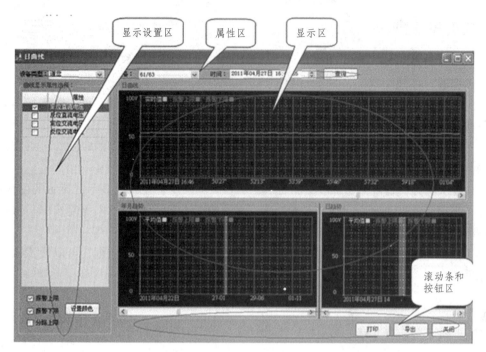

图 3-98　日曲线

日曲线可显示年月趋势曲线、日趋势曲线和小时曲线。年月趋势曲线可以看到设备全年的变化趋势，日趋势用来查看当日设备的变化趋势，可在"日曲线"子菜单打开日曲线窗口直接看到当前设备的全天趋势。

日曲线窗口分为四部分：上面为属性区，中间左侧为显示设置区，中间右侧为显示区，下面为滚动条和按钮区。

属性区包括：窗口名称、设备类型选择条、设备名称选择条、时间选择条、查询按钮。"设备类型选择条"用于选择不同的设备类型；"设备名称选择条"用于选择同类型的不同设备；"时间选择"用于查看不同时间历史日曲线；设置完查询条件后点击"查询"按钮进行查询。

窗口左侧的显示设置区，包括曲线显示属性选择、报警勾选、设置颜色按钮等。显示属性选择用于设置在属性显示区显示的设备属性；报警上限、报警下限、分路上限用来设置是否显示这些曲线；颜色设置按钮用于设置曲线的显示颜色。

日曲线显示某类型模拟量一日内数值的变化。日曲线是以每秒钟的模拟量数值画成的曲线，纵坐标为电压值，单位是 V；横坐标为时间，单位是 s。背景为网格，网格中有设置显示的曲线。曲线区域内的每个"点"都能以"提示文本框"的形式提示"坐标值"，提示内容为"模拟量值、单位、值时间、日期（日）"。年月趋势曲线是以每小时的模拟量平均值画成的曲线，日趋势曲线是以每分钟的模拟量平均值画成的曲线，其显示方式和日曲线相同。

曲线下面的曲线滚动控制条用于当曲线数据超出一页显示范围时的滚动显示。

按钮区包括：打印、导出、关闭。"打印"用于当前日曲线打印；"导出"用于将当前日曲线导出到其他文件；点击"关闭"按钮关闭当前窗口。

（二）操作方法

（1）设备类型切换：在窗口左上方"设备类型"下拉框选择不同类型设备，可切换到其他设备类型的日曲线窗口。

（2）同类型设备切换：在窗口上方"设备"下拉框选择不同设备，可切换到相同类型其他设备的日曲线。

（3）时间切换：进入窗口，在窗口上侧的时间设置条中设置查询的时间，可以查看不同时间的日曲线。

（4）显示属性设置：勾选窗口左侧的显示属性，可以设置在曲线显示区显示的曲线属性。

（5）报警分路线选择：可以勾选窗口左下侧的报警上限、报警下限等复选框，选择是否显示这些曲线。

（6）曲线颜色设置：点击"设置颜色"按钮，弹出颜色设置对话框，可以设置曲线的显示颜色。

五、月（年）曲线窗口（年曲线与月曲线相同，以道岔为例）

（一）窗口简介

点击实时值窗口"道岔设备"按钮下的"月曲线"按钮，或者通过鼠标右键选择月曲线选项，打开月曲线窗口，如图 3-99 所示。

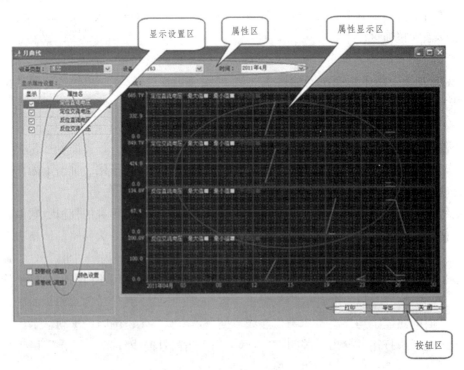

图 3-99　月曲线

月曲线是根据日报表统计值，对设备测试值以月为单位进行曲线绘制。目的在于方便用户根据近期趋势和历史月份趋势变化，对设备进行正常维护和调整。

月曲线窗口包括窗口上侧的属性区、窗口中间的显示设置区和属性显示区、窗口下侧的按钮区。

（二）操作方法

（1）设备类型切换：在窗口左上方设备类型下拉框选择不同类型设备，可切换到其他设备类型的月曲线。

（2）设备切换：在窗口上方设备名称下拉框选择不同设备，可切换到相同类型其他设备的月曲线。

（3）时间切换：在窗口右上方时间下拉框选择不同的年月，可切换到本设备其他月份的月曲线。

（4）显示属性设置：通过勾选窗口左侧的设备属性，可以设置在属性显示区显示的设备属性。

（5）曲线颜色设置：点击"颜色设置"按钮，调出"设置曲线颜色"对话框，可以设置属性月曲线的颜色。

（6）浮动提示：在属性显示区域中，将鼠标移动到模拟量曲线上时，在鼠标下方会显示鼠标选择点的测试时间和数值等信息。

（7）报警预警线设置：勾选窗口左下侧的"预警线（调整）""报警线（调整）"复选框，可以在显示区域中显示设备的预警线和报警线。

六、日报表窗口（以道岔为例）

（一）窗口简介

点击实时值窗口"道岔设备"按钮下"日曲线"按钮，或者通过鼠标右键选择日报表选项，打开日报表窗口如图 3-100 所示。

日报表窗口由三部分组成：显示设置区，属性显示区、按钮区。

显示设置区包括：时间选择下拉框、设备类型选择下拉框、仅显示超限复选框、属性选择复选框、打印按钮。"设备类型选择"用于选择不同的设备类型；"属性选择"用于选择同设备不同的属性；"时间选择"下拉框用于查看不同时间历史日报表；"仅显示超限"复选框用于显示电气参数超限设备信息；"属性"复选框用于选择显示的设备属性；"打印"按钮用于打印日报表。

属性显示区中，表格的第一行为表头，其他为数据区。每行内容依次为每路设备相应的设备名称、最大值/时间、最小值/时间、平均值/时间。

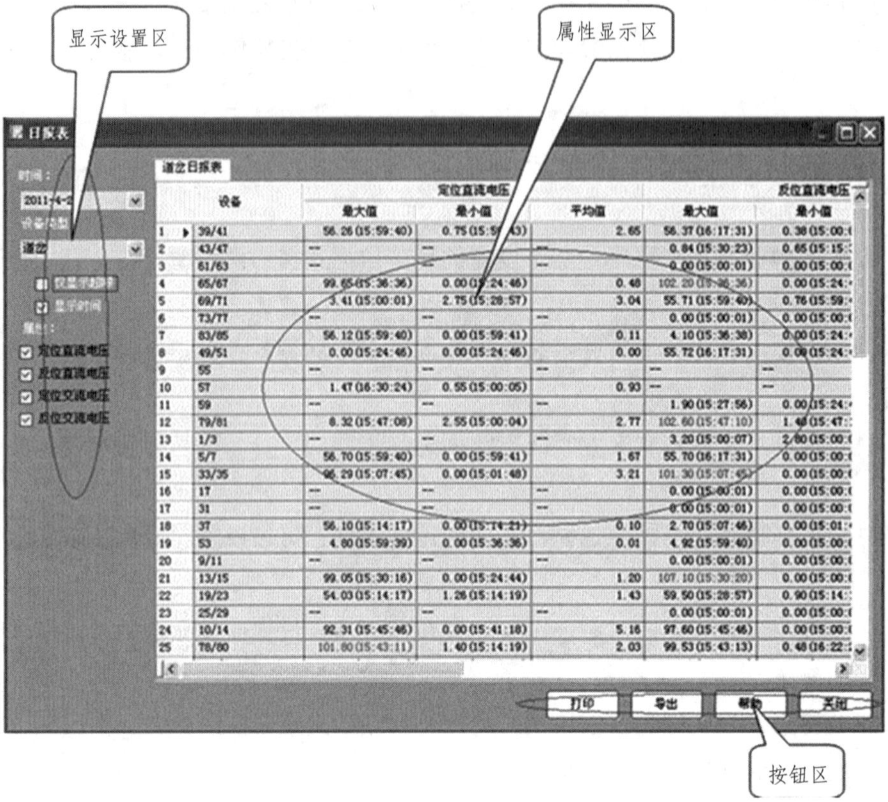

图 3-100　日报表

（二）操作方法

（1）日报表显示：对道岔表示单个属性（如定表直流电压）对应设备每日测试的 "最大值" "最小值" "平均值" 进行统计显示。

（2）其他设备日报表切换：在左上方点击 "设备类型" 复选框选择不同设备（如区段、区间移频等）类型，可以切换到对应设备的日报表。

（3）显示属性设置：勾选不同的设备属性复选框，可以选择在表格显示区显示的设备属性。

（4）时间切换：在窗口左上方的时间下拉窗口选择不同的日期，可以切换到其他日期的日报表。

（5）仅显示超限：单击窗口右上方的 "仅显示超限" 选择框，则报表中仅显示超限的设备项目。

（6）信息关联：在日报表任意一路值上右击（平均值不能进行关联），弹出右键菜单，菜单中有 "实时曲线" "日曲线" "月曲线" "年曲线" 和超标汇总的关联选项。单击 "实时曲线" 选项，弹出设备的实时曲线窗口；单击 "日曲线" 选项，站机弹出日报表时间的日曲线；单击 "月曲线" 选项，站机弹出日报表时间的月曲线窗口；单击 "年曲线" 选项，站机弹出日报表时间的年曲线窗口；单击 "超标汇总" 选项，弹出超标汇总窗口。

七、道岔动作电流曲线窗口

（一）窗口简介

点击实时值窗口道岔设备下道岔动作电流曲线按钮，或者通过鼠标右键选择该项，打开道岔动作电流曲线界面，如图 3-101 所示。

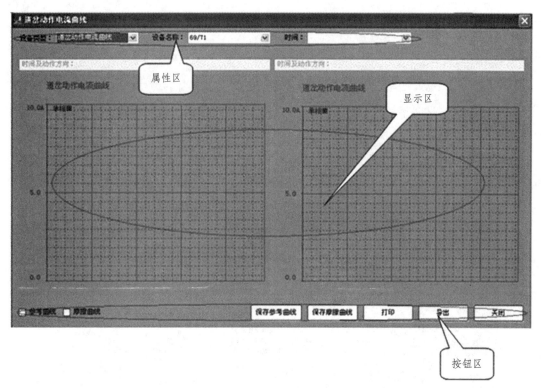

图 3-101　道岔动作电流曲线

道岔动作电流曲线包含：道岔动作电流曲线、道岔动作功率曲线、道岔转换力曲线。道岔动作曲线显示每组道岔的电流曲线或者功率曲线及动作时间。

道岔动作电流曲线窗口由属性区、显示区、按钮区组成。

（二）操作方法

（1）曲线类型切换：在窗口左上方设备类型下拉框选择曲线类型，可切换到其他道岔曲线类型。

（2）设备名称的切换：窗口右上方设备名称下拉框切换，可切换到曲线类型其他设备的道岔曲线。

（3）时间切换：在时间下拉框中选择时间，可以查看不同时间的道岔曲线。

（4）保存参考曲线：把当前曲线保存为参考曲线以供比较。

（5）保存摩擦曲线：把当前曲线保存为摩擦曲线以供比较。

（6）曲线选择：可以选择"摩擦曲线""参考曲线"是否进行显示；如果是三相电流曲线，可以进行选择"A相""B相""C相"。

（7）保存：单击"保存"按钮，可以将该条曲线保存为永久再现曲线。

道岔动作功率曲线、道岔转换力曲线与道岔动作电流曲线操作相同。

八、电缆绝缘

（一）窗口简介

说明：绝缘测试时请注意拔掉信号防雷元件，否则在绝缘测试时可能会击穿防雷元件造成绝缘测试不准确。

电缆绝缘设备实时值界面由左侧按钮区、右侧表格区、下侧按钮区组成，如图3-102所示。

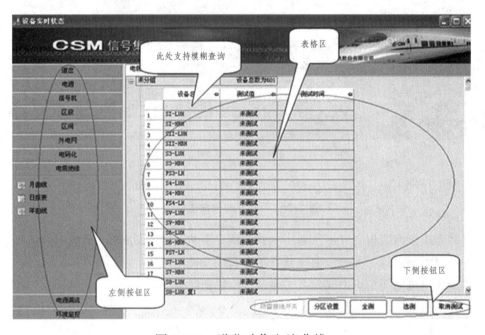

图 3-102　道岔动作电流曲线

左侧按钮区包括：设备类型按钮、设备类型下的测试内容按钮（如实时曲线按钮、日曲线按钮等）。用户可以点击日常测试子菜单中的设备类型选项直接查看该设备的日常测试内容，也可以进入日常测试界面后，点击左侧的设备类型进入相应设备的日常测试界面。

表格区的第一行为表头，第二行为模糊查找输入行，其他部分为数据区。每行内容依次为每路设备相应的设备名称、属性测试值。

下侧按钮区包括：防雷接地开关、分区设置、全测、选测、取消测试。"分区设置"用于设置测试分区,实现对电缆绝缘设备的分区测试;"全测"用于对实时值中所有设备进行测试;"选测"用于对部分选择的设备进行测试;"取消测试"用于对正在测试的设备进行终止测试。

(二)操作方法

(1)实时值显示:对设备各个属性实时值进行显示,如果该设备无某一种属性以"— —"进行显示。如果某个模拟量通信中断,则以"未知"进行显示。

(2)报警设备提示:表格中的实时测试数据每秒刷新一次,黑色的数字表示测试值在规定的上、下限范围,红色的数字表示测试值超上(或下)限。

(3)模糊查询:在第二行的空表格中输入想要查找的设备名称,表格会以模糊匹配的形式显示所要查找的设备。

(4)信息提示:将鼠标移动到设备的某单元格数据上时,会弹出设备名称、设备属性、设备报警、预警设置等信息。

(5)设备类型切换:点击实时值窗口左侧按钮区的"不同设备类型"按钮,可以打开该设备类型的实时值窗口。

(6)信息关联:在实时值窗口,如果需要查看设备的月曲线曲线、日报表等测试内容,可以用鼠标左键点击表格中的设备,选中该设备后该设备会以蓝色突出显示,然后点击"电缆绝缘"按钮下边的年曲线等按钮,会调出该设备的年曲线、日报表等窗口。或者选中设备后,点击鼠标右键调出右键菜单,选择查看的选项,即可调出相应窗口。

(7)历史测试:点击右键,弹出右键菜单,如图 3-103 所示。

图 3-103 历史测试

点击"历史测试"选项，调出"电缆对地绝缘测试历史值"窗口，可以查看设备的历史测试值。

（8）分区设置：点击"分区设置"按钮，打开"测试设置"窗口，如图3-104所示。

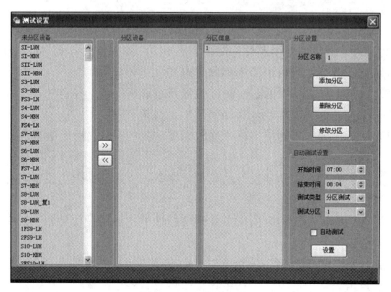

图3-104　测试设置

（9）全测：在窗口左下方点击全测按钮或在测试值窗口点击鼠标右键选择"全测"按钮，即可对所有信号电缆进行测试。

（10）选测：在手动测试（或自动测试）列中选择需要测试的设备，然后在窗口下方点击选测按钮或在测试值窗口点击鼠标右键选择"选测"按钮，即可对已经选择的设备信号电缆进行测试。

选择多路设备的方法：在测试列首先选择开始第一个设备，然后按下"Shift"键，再选择最后一个设备，此时会同时选择多路设备。

（11）取消测试：在窗口下方点击"取消测试"按钮或在测试值窗口点击鼠标右键选择"取消测试"按钮，可对正在测试的设备停止测试。

九、电源漏流

电源漏流只介绍实时值窗口，月曲线窗口、日报表窗口、年曲线窗口参考本节的相同内容。

（一）窗口简介

电源漏流设备实时值界面由左侧按钮区、表格显示区、下侧按钮区组成。

按钮区包括：设备类型按钮、设备类型下的测试内容按钮（如实时曲线按钮、日曲线按钮等）。用户可以点击日常测试子菜单中的设备类型选项直接查看该设备的日常测试内容，也可以进入日常测试界面后，点击左侧的设备类型进入相应设备的日常测试界面。

　　表格区的第一行为表头，第二行为模糊查找输入行，其他部分为数据区。每行内容依次为每路设备相应的设备名称、属性测试值。

（二）操作方法

　　（1）实时值显示：对设备各个属性实时值进行显示，如果该设备无某一种属性以"——"进行显示。如果某个模拟量通信中断，则以"未知"进行显示。

　　（2）报警设备提示：表格中的实时测试数据每秒刷新一次，黑色的数字表示测试值在规定的上、下限范围，红色的数字表示测试值超上（或下）限。

　　（3）模糊查询：在第二行的空表格中输入想要查找的设备名称，表格会以模糊匹配的形式显示所要查找的设备。

　　（4）信息提示：将鼠标移动到设备的某单元格数据上时，会弹出设备名称、设备属性、设备报警、预警设置等信息。

　　（5）设备类型切换：点击实时值窗口左侧按钮区的"不同设备类型"按钮，可以打开该设备类型的实时值窗口。

　　（6）信息关联：在实时值窗口，如果需要查看设备的月曲线、日报表等测试内容，可以用鼠标左键点击表格中的设备，选中该设备后该设备会以蓝色突出显示，然后点击道岔按钮下边的日曲线等按钮，会调出该设备的月曲线、日报表等窗口。或者选中设备后，点击鼠标右键调出右键菜单，选择查看的选项，即可调出相应窗口。

　　（7）历史测试：点击右键，弹出右键菜单，如图 3-105 所示。点击"历史测试"选项，调出历史测试窗口，可以查看该设备的测试值记录。

图 3-105　历史测试

（8）电源漏流测试：双击要测试的设备，系统会对该设备进行漏流值测试，并且在菜单栏和实时值窗口下侧显示正在进行测试的标识，如图 3-106 所示。

电源漏流			
未分组		设备总数为68	
	设备名称	测试值	测试时间
1	DDMHZ24 (3)	未测试	
2	DDMHF24 (3)	未测试	
3	XDMHZ24 (4)	未测试	
4	XDMHF24 (4)	未测试	
5	XDMHZ24 (5)	未测试	
6	XDMHF24 (5)	未测试	
7	JQZ (SN)	未测试	
8	JQF (SN)	未测试	
9	JZ220	未测试	
10	JF220	未测试	
11	JJZ220	未测试	
12	JJG110	未测试	
13	XJZ220-1	未测试	
14	XJF220-1	未测试	
15	XJZ220-2	未测试	
16	XJF220-2	未测试	
17	XGJZ220-	未测试	
18	XGJF220-	未测试	
19	XGJZ220-	未测试	

提示测试进程

正在测试DDMHZ24 (3)　已测试0/1

图 3-106　电源漏流测试

（9）取消测试：点击按钮区的"取消测试"按钮，系统会停止正在进行的电源漏流测试。

任务四　系统接口简介

信号集中监测系统交换机端口分配如图 3-107 所示。

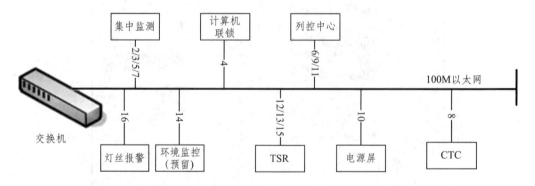

注：以上各系统间的连接所用线型为超5类网线信号线，两端做RJ45头；
线序为：白橙、橙、白绿、蓝、白蓝、绿、白棕、棕。

图 3-107　信号集中监测系统交换机端口分配

计算机联锁信息通过 RS422/485 接口传送给监测系统；CTC 信息通过 RS422 接口传送给监测系统；智能电源屏及 UPS 信息由智能屏采集后通过统一的 RS485 接口传送给监测系统；智能灯丝报警系统通过 CAN 与监测站机进行通信。

一、CSM 与 TCC 接口

列控中心（TCC）与集中监测系统（CSM）的接口是在列控系统内部的维护机和集中监测站机上实现的，连接示意图如图 3-108 所示。

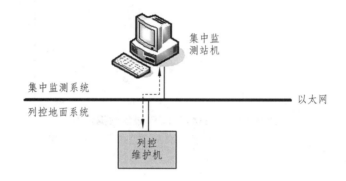

图 3-108　CSM 与 TCC 连接示意图

列控系统内部的维护机向集中监测站机提供全体列控地面子系统设备监测数据服务，定义列控内部的维护机为服务端，集中监测站机为客户端。

（一）物理接口

接口介质：集中监测站机、列控维护机之间采用 RJ45 以太网接口连接，连接电缆采用超五类网线。

电气描述：执行 IEEE802.3 CSMA/CD 标准

软件设置：接口数据传输采用 TCP 传输协议，双方的 IP 地址设定由集中监测在监测局域网内统一分配，TCP 连接端口号设置为 5555。

（二）通信方式

由列控维护机建立服务端，集中监测站机作为客户端连接该服务端，从而建立 TCP 连接，开始数据交互。

集中监测站机每 1 s 向服务端发送心跳帧，并接收服务端发送的心跳帧和数据帧信息。超过 30 s 没有接收到任何信息时，监测站机则判断连接中断，主动断开 TCP 连接并重新连接。

列控维护机在与集中监测站机的连接建立后，自主发送心跳帧和数据帧信息，CSM 与 TCC 通信数据流，如图 3-109 所示。

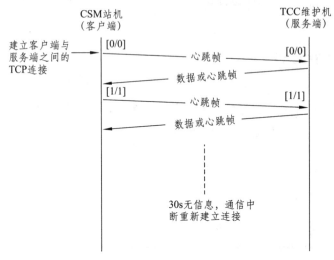

图 3-109　CSM 与 TCC 通信数据流图

（三）通信内容

列控监测维护机向集中监测站机传送的主要信息包含有：列控地面子系统设备的运行状态信息、业务数据流信息和维护报警信息。

列控地面子系统维护机采用全体数据结合变化数据的方式向集中监测站机发送信息。定时每分钟发送一次全体数据，其间随着数据的变化发送变化数据。对于变化数据和报警，采用即时产生、即时发送的方式。其中包括：客专轨道区段特征信息；列控数据信息；对列控中心维护报警。

二、CSM 与 TSRS 接口

信号集中监测（CSM）和临时限速系统（TSR）均是 CTCS-3 级列控系统的重要组成部分，CSM 与 TSR 之间应具备数据交换的功能。CSM 与 TSR 之间信息交换应满足 CTCS-3 级列控系统运营要求。CSM 与 TSR 之间应确保信息传输的有效性和完整性。

TSR 系统通过 TSR 维护终端与 CSM 系统接口。定义 TSR 维护终端为服务端，CSM 接口服务器为客户端。

CSM 和 TSR 网络连接示意图如图 3-110 所示。

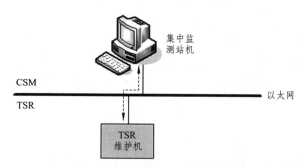

图 3-110　CSM 与 TSR 连接示意图

（一）物理接口

接口介质：CSM-TSR 接口服务器与 TSR 系统之间采用 RJ45 以太网接口连接，数据传输采用 TCP 传输协议连接电缆采用超五类网线。

电气描述：执行 IEEE802.3CSMA/CD 标准。

软件设置：接口数据传输采用 TCP 传输协议，双方的 IP 地址设定由集中监测在监测局域网内统一分配，TCP 连接端口号设置为 3334。

（二）接口方式

CSM 和 TSR 系统的应用层在系统正常工作过程中应保持相互连接的状态。当应用层连接已经建立，应用层收到了对方的应用层信息，则认为与对方的应用层连接已经建立。

CSM 系统需要有超时检测机制，当双方建立连接后，CSM 定期检测收到的 TSR 消息，如果在规定的时间（TCSMtimeout）内没有收到对方的消息，需要断开并重新连接。

TSR 系统需要有超时检测机制，当双方建立连接后，TSR 定期检测收到的 CSM 消息，如果在规定的时间（TTSRtimeout）内没有收到对方的消息，需要断开连接。

（三）接口内容

1. 心跳信息

在没有数据需要传送的情况下，为证实网络畅通，及时发现并报告网络故障，通信双方应当发送心跳信息以表明自己运行正常和网络畅通。

数据流向：CSM↔TSR。

2. TSR 工作状态信息

TSR 向 CSM 发送全体工作状态信息，包括以下内容：

（1）TSR 系统工作状态信息。

（2）TSR 系统内部通信连接状态信息。

（3）TSR 系统与 TCC 系统、CTC 系统、RBC 系统、相邻 TSR 系统等外部接口通信连接状态信息。

数据流向：CSM←TSR

3. 请求 TSR 工作状态信息

CSM 向 TSR 请求 TSR 工作状态信息。TSR 以 TSR 工作状态信息响应此信息。数据流向：CSM→TSR。

4. 报警信息

报警信息指本地维护终、操作终端设备或网络状态有关的告警提示信息。

数据流向：CSM←TSR。

5. 重要记录信息

此信息用于 TSR 实时向 CSM 传送重要记录信息，信息内容为 TSR 内部或 TSR 和其他设备通信数据内容。

数据流向：CSM←TSR。

三、CSM 与 CBI 接口

CBI 系统与 CSM 系统的接口是在 CBI 维护机和 CSM 站机上实现的，连接示意图如图 3-111 所示。CBI 维护机向 CSM 站机提供设备监测数据等信息。

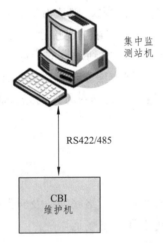

集中监测站机

RS422/485

CBI
维护机

图 3-111　CSM 与 CBI 连接示意图

（一）物理接口

接口介质：集中监测站机、CBI 维护机之间采用 RS422/485 接口连接。

电气描述：硬件光电隔离执行 IEEE802.3 CSMA/CD 标准。

软件设置：与监测系统的通信周期≤1 s，维修机开关量采样周期≤150 ms，变化信息存储并上发。

（二）通信方式

由计算机联锁维护台单向发送，监测系统接收。

（三）通信内容

（1）轨道：轨道占用、轨道锁闭、区段锁闭等信息。

（2）道岔：定位表示、反位表示、总定、总反、道岔总锁、道岔单锁、道岔单解、道岔单操、道岔单封、心轨单操、尖轨单操等信息。

（3）信号机：灭灯、绿灯、红灯、黄灯、引导白灯、双绿、绿黄、双黄、黄闪黄、调车白灯、白闪、红闪、黄闪、绿闪、断丝闪灯等信息。

（4）其他按钮：故障通知、总人解、总取消、事故解锁、列车按钮，调车按钮、灭灯按钮、点灯、关灯、按钮单封（戴帽）状态、接车辅助、发车辅助、总辅助、允许改方。

（5）报警信息：轨道停电、挤岔、主灯丝断丝、灯丝断丝、排架熔丝报警、移频报警、计算机联锁控显机故障报警，联锁输入板故障报警、联锁 CPU 板故障报警、联锁输出板故障报警、主备机故障、联锁与列控通信故障、联锁与 TDCS/CTC 接口故障等报警。

（6）其他表示灯：主副电源灯、区间监督、接车表示灯、发车表示灯、自律模式、允许转为自控、非常站控。

（7）设备状态：联锁设备（板级）状态、A\B 机状态、联锁与列控通讯状态、联锁与 CTC 通信状态

四、CSM 与 CTC 接口

CTC 系统与 CSM 系统的接口是在 CTC 维护机和 CSM 站机上实现的，连接图如图 3-112 所示。CTC 维护机向 CSM 站机提供设备监测数据等信息。

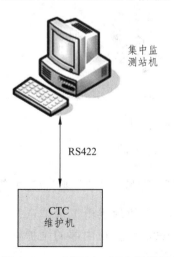

图 3-112　CSM 与 CTC 连接示意图

（一）物理接口

接口介质：集中监测站机、CTC 维护机之间采用 RS422 连接。

电气描述：硬件光电隔离。

软件设置：与监测系统的通信周期≤1 s，维修机开关量采样周期≤150 ms，变化信息存储并上发。

（二）通信方式

由 CTC 维护机单向发送，监测系统接收。

（三）通信内容

（1）设备状态：A/B 机标志、与联锁通信状态、与列控通信状态、自身设备状态

（2）A 接口报警：A/B 机工作异常报警、与联锁 A 机通信中断报警、与联锁 B 机通信中断报警、与列控 A 机通信中断报警、与列控 B 机通信中断报警、无线调度命令适配器通信中断，自身板卡故障报警。

（3）站场信息：股道、无岔区段、接近离去区段闭塞分区、进站/进路信号机、出站信号机、调车信号机、区间信号机、道岔、告警、半自动闭塞、表示灯。

（4）车次号信息：车次窗编码、显示属性、区段编码、运行方向等信息

五、CSM 与 ZPW2000 接口

ZPW2000 与集中监测系统的接口，是在 ZPW2000 的维护机和集中监测站机上实现的连接，如图 3-113 所示。

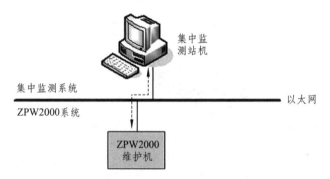

图 3-113 CSM 与 ZPW2000 连接示意图

ZPW2000 的维修机向集中监测站机提供模拟量信息、区段编码信息、开关量信息、报警信息的监测数据服务，ZPW2000 维修机内部的维护机为服务端，集中监测站机为客户端。

（一）物理接口

接口介质：集中监测站机、ZPW2000 维修机之间采用 RJ45 以太网接口连接，连接电缆采用超五类网线。

电气描述：执行 IEEE802.3 CSMA/CD 标准。

软件设置：接口数据传输采用 TCP 传输协议，双方的 IP 地址设定由集中监测在监测局域网内统一分配，TCP 连接端口号设置为 5555。

（二）通信方式

由 ZPW2000 维修机建立服务端，集中监测站机作为客户端连接该服务端，从而建立 TCP 连接，开始数据交互。

集中监测站机每 1 s 向服务端发送心跳帧，并接收服务端发送的心跳帧和数据帧信息。超过 30 s 没有接收到任何信息时，监测站机则判断连接中断，主动断开 TCP 连接并重新连接。

ZPW2000 维修机在与集中监测站机的连接建立后，自主发送心跳帧和数据帧信息，如图 3-114 所示。

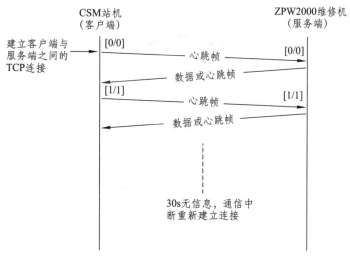

图 3-114　CSM 与 ZPW2000 通信数据流图

（三）通信内容

ZPW2000 维修机向集中监测站机传送的主要信息包括：设备状态、区段占用状态、区段接收 TCC 编码控制命令、维护报警信息、模拟量信息。

ZPW2000 维修机采用全体数据结合变化数据的方式向集中监测站机发送信息。定时每分钟发送一次全体数据，其间随着数据的变化发送变化数据。对于变化数据和报警，采用即时产生、即时发送的方式。其中包括：

1. 设备状态

1）客专通信编码 ZPW-2000 A 区段主备 CI-TC 轨道电路通信盘

（1）CANA、CANB、CANC、CAND、CANE 接口通信状态。

（2）通信盘设备工作状态。

2）客专通信编码 ZPW-2000 A 区段主备发送器设备

（1）CAND、CANE 接口通信状态。

（2）设备工作状态（ZFS，BFS）。

3）客专通信编码 ZPW-2000 A 区段接收器设备

（1）CAND、CANE 接口通信状态；

（2）设备工作状态。

4）既有继电编码 ZPW-2000 A 区段设备状态

FS24、FBJ、JS24、JBJ、ZFJ、FFJ。

2. 区段占用状态

（1）主轨道状态。

（2）小轨道状态。

3. 客专通信编码 ZPW-2000 A 区段接收 TCC 编码控制命令

（1）主轨道载频编码。

（2）小轨道载频编码。

（3）主轨道低频编码。

（4）小轨道低频编码。

4. 维护报警信息

（1）CI-TC 通信盘与轨道电路监测维护终端通信中断。

（2）CI-TC、FS、JS 设备通信接口状态和工作状态异常报警。

（3）小轨道报警、轨道区段报警信息。

5. 模拟量信息

（1）区间移频发送器发送电压、电流、载频、低频。

（2）送端电缆模拟网络电缆侧电压、电流、载频、低频。

（3）受端电缆模拟网络电缆侧主轨道电压、载频、低频，小轨道电压、载频、低频。

（4）受端电缆模拟网络设备侧（轨入）主轨道电压、载频、低频；小轨道电压、载频、低频。

（5）接收入口（轨出）主轨道电压、载频、低频，小轨道电压、载频、低频。

（6）道床电阻（无砟轨道区段监测系统暂不显示、有砟轨道区段监测系统显示）。

六、CSM 与智能电源屏接口

集中监测系统与智能电源屏的接口,是在集中监测站机和智能电源屏监测单元上实现的,如图 3-115 所示。

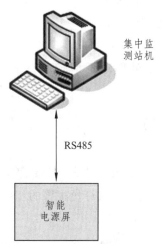

集中监
测站机

RS485

智能
电源屏

图 3-115　CSM 与智能电源屏连接示意图

智能电源屏向集中监测站机提供电源屏的相关信息,定义智能电源屏为服务端,集中监测站机为客户端。

(一)物理接口

接口介质:集中监测站机、智能电源屏之间采用 RS485 进行连接。
电气描述:硬件光电隔离。
软件设置:与监测系统的通信周期≤1 s,变化信息存储并上发。

(二)通信方式

由智能电源屏系统单向发送,监测系统接收。

(三)通信内容

传送信息内容包含智能电源屏信息的同时,需要包含 UPS 相关信息。具体信息如下:

1. 智能电源屏

(1)智能电源屏模块状态信息:各个模块的工作、保护、故障状态、交流接触器状态。
(2)模拟量监测内容:各电源屏输入电压、电流。电源屏各路输出电压、电流;25 Hz 电源输出电压、频率、相位角。
(3)智能电源屏报警信息:交流输入停电、系统输入停电、电源输出支路断电、各个模块故障。

2. UPS

（1）交流输入停电、系统输入停电、UPS 输出断电故障、UPS 故障、UPS 告警。

（2）模拟量监测内容：

- UPS 输入相电压、电流、频率、功率。
- UPS 电池组电压、旁路相电压。
- UPS 后备时间或后备容量。
- UPS 输出电压、频率、功率、峰值比（可选项）。

七、CSM 与智能灯丝接口

集中监测系统与智能灯丝的接口，是在集中监测站机和智能灯丝监测单元上实现的，如图 3-116 所示。智能灯丝向集中监测站机提供灯丝报警的相关信息。

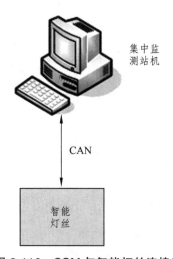

集中监
测站机

CAN

智能
灯丝

图 3-116　CSM 与智能灯丝连接示意图

（一）物理接口

接口介质：集中监测站机、智能灯丝之间采用 CAN 进行连接。

电气描述：采用 CAN 总线网络进行通信。

软件设置：与监测系统的通信周期≤1 s。平时发送心跳帧，报警时发送报警信息。

（二）通信方式

由智能灯丝系统单向发送，监测系统接收。

（三）通信内容

主副灯丝断丝报警信息。

八、CSM 与道岔融雪系统接口

集中监测系统与道岔融雪的接口，是在集中监测站机和道岔融雪维修终端上实现的，如图 3-117 所示。道岔融雪系统向集中监测站机提供道岔融雪设备状态等的相关信息。

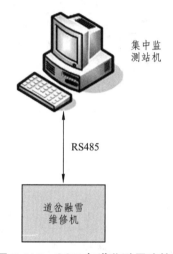

集中监测站机

RS485

道岔融雪维修机

图 3-117　CSM 与道岔融雪连接示意图

（一）物理接口

接口介质：集中监测站机、道岔之间采用 RS485 进行连接。
电气描述：硬件光电隔离。
软件设置：与监测系统的通信周期 ≤ 1 s。

（二）通信方式

由道岔融雪系统单向发送，监测系统接收。

（三）通信内容

1. 报警信息

（1）输入电源断电、缺相及断相报警信息记录。
（2）传感器故障报警。
（3）控制柜柜门开门报警记录。

2. 工作状态

加热电路工作状态。

3. 模拟量信息

输入电源电压、电流、频率数据。

复习思考题

1. 站机数据采集的内容有哪些?

2. 站机外电网采集机主要监测内容有哪些?

3. 转辙机采集机监测功能有哪些? 如何采集?

4. 目前轨道电路采集机有哪几种类型?

5. 车站子系统站机软件功能有哪些?

6. 站机操作主界面分为哪几个?

7. 站机菜单栏有哪些项目?

8. 怎样正确判断状态栏通信状态?

9. 天窗修如何设置与修改?

10. 日常测试设备类型主要功能有哪些?

11. SM 与 TCC 通信内容有哪些?

12. TSRS 与 CSM 设备连接的监测系统实现哪几项功能?

13. 开关量监测内容有哪些?

项目四　铁路信号集中监测系统采集原理

任务一　铁路信号集中监测的内容

一、铁路信号集中监测系统简介

铁路信号集中监测系统是保证行车安全、加强信号设备管理、监测信号设备状态、发现信号设备隐患、分析信号设备故障原因、辅助故障处理、指导现场维修、反映设备运用质量及结合部设备状态、提高电务部门维护水平和维护效率的重要行车设备。该系统对状态信息进行储存、重放、查询和实时报警，对于防止违章作业，智能分析和故障诊断，尤其对于智能分析发现潜伏性故障、瞬间故障和间歇性故障，提供了重要的手段和依据，对确保运输安全发挥着重要的作用。

铁路信号集中监测系统相比微机监测系统加强了监测系统数据的分析，实现了故障预警和故障诊断；使铁路信号集中监测系统成为信号设备的综合监测平台；从过去的"设备监测"手段逐步变为"设备维护"的重要工具。在原有的三级四层体系结构基础上，做到统一规划，统一实施，与联锁、闭塞、列控、TDCS/CTC、驼峰等系统同步设计、施工、调试、验收及开通。根据信号设备维修需要，强化了电务段子系统。为铁路提速、重载、高密度运输起到安全保障作用。

二、铁路信号集中系统监测的内容

（一）站场开关量监测

1. 监测类型

按钮状态、控制台表示状态、关键继电器状态等。

2. 监测内容

开关量实时状态变化，包括：

（1）列、调车按钮状态开关量信息的采集、记录。

（2）控制台其他按钮及所有表示灯状态及开关量信息的采集、记录。

（3）提速道岔分表示采集：对提速道岔各个转辙机定反位状态进行监测、显示、存储。

（4）监测列车信号主灯丝断丝状态并报警，报警应定位到某架信号机或架群。通过智能灯丝报警仪（器）接口获取灯位主灯丝断丝报警信息。

（5）对组合架零层、组合侧面以及控制台的主副熔丝转换装置监测。

（6）对 6502 站道岔电路 SJ 第 8 组接点封连进行动态监测。

（7）环境监控开关量监测（具体项目可选）：电源室、微机室、机械室等处的烟雾、明火、水浸、门禁、玻璃破碎等报警开关量信息的采集、记录并报警。

（二）模拟量在线监测

1. 外电网综合质量监测内容

外电网输入相电压、线电压、电流、频率、相位角、功率。

2. 电源屏监测内容

（1）各电源屏输入电压、电流。

（2）电源屏各路输出电压、电流，25 Hz 电源输出电压、频率、相位角。

3. 电源对地漏泄电流监测内容

电源屏各种输出电源对地漏泄电流。

4. 轨道电路监测内容

（1）JZXC-480 型轨道继电器交流电压、直流电压。

（2）25 Hz 相敏轨道接收端交流电压、相位角。

（3）高压不对称脉冲轨道接收端波头、波尾有效值电压，峰值电压，电压波形。

（4）驼峰 JWXC-2.3 轨道继电器工作电流。

5. 转辙机监测内容

（1）直流转辙机监测：道岔转换过程中转辙机动作电流、故障电流、动作时间、转换方向。

（2）交流转辙机监测：道岔转换过程中转辙机动作功率、电流、动作时间、转换方向。

（3）驼峰 ZD7 型直流快速道岔转辙机：道岔转换过程中动作电流、故障电流和动作时间、转换方向。

（4）道岔表示电压监测：道岔表示交、直流电压。

6. 电缆绝缘监测内容

电缆芯线全程对地绝缘，测试电压：DC 500 V（耐压低于 500 V 的设备，如 LEU 等不纳入 CSM 监测系统测试)。

7. 列车信号机点灯回路电流的监测内容

列车信号机的灯丝继电器 (DJ，2DJ) 工作交流电流。

8. 集中式移频监测

(1) 站内电码化监测内容：站内发送盒功出电压、发送电流、载频及低频频率。

(2) 集中式有绝缘移频自动闭塞监测内容：发送端功出电压、发送电流、载频及低频频率；接收端限入电压、移频频率及低频频率。

(3) 集中式无绝缘移频自动闭塞监测 (ZPW (UM) 2000 系列等无绝缘移频轨道电路) 内容：

- 区间移频发送器发送电压、电流、载频、低频。
- 区间移频接收器轨入 (主轨、小轨) 电压，轨出 1、轨出 2 电压、载频、低频。
- 区间移频电缆模拟网络电缆侧发送电压、接收电压、发送电流。

9. 半自动闭塞监测内容

半自动闭塞线路直流电压、电流，硅整流输出电压。

10. 环境状态的模拟量监测内容

(1) 温度监测：信号机械室、电源屏室、微机室环境温度。
(2) 湿度监测：信号机械室、电源屏室、微机室湿度。
(3) 民用空调电压、电流、功率监测

11. 防灾异物侵限监测内容

防灾系统与列控系统分界口处接口直流电压。

12. 站 (场) 间联系电压内容

站 (场) 间联系线路直流电压、场间联系电压、自闭方向电路电压、区间监督电压。

任务二　外电网综合质量监测采集原理

一、监测的必要性

外电网是供电部门向信号设备电源屏提供电源的设备，外电网质量直接决定信号设备

工作稳定性和安全性，即使是瞬间断电（断电时间为 140～1000 ms）也会造成信号设备故障，影响铁路运输。电源故障前期往往有预兆，电源电压会出现波动，信号值班员很难及时发现，不利于故障分析。CSM 监测系统通过对外电网的监测，一旦发现隐患、或瞬间断电故障，就立即记录下来，并给出相应的报警信息，为铁路信号设备的供电质量分析提供司法依据。

二、采集原理

外电网综合质量监测的采集对象为外电网输入电压和电流，并计算频率、相位角、功率，提供断电、断相、错序报警信息。

外电网监测单元一般就近采用壁挂方式安装在电源防雷保护开关箱附近，与监测站机通过 CAN 总线传递信息。

电压采样点在电源防雷保护开关箱闸刀外侧，如图 4-1 所示，即外电网从空气开关的入端输入，经过外电网监测单元箱中的采集防护空气开关（或者保险）后通过高阻接入外电网监测模块。采样路径：一、二路外电输入→输入闸刀外侧→外电网采集单元。

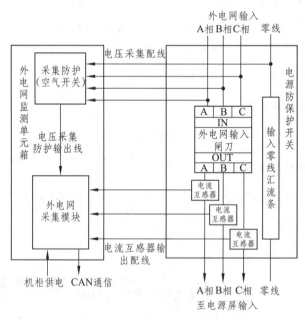

图 4-1 外电网综合质量采集原理

电流采样点为电源防雷保护开关箱闸刀的输出侧与电源屏输入之间，通过开口式电流互感器夹在闸刀的输出电源线上采样。电流互感器为无源元件，输出配线不得超过 1.5 m，因此外电网监测单元必须安装在电源防雷保护开关箱附近。电流互感器使用时以穿芯方式通过检测孔，与被测导线无任何电气连接，电流互感器本身出现任何故障均不会对被监测对象产生影响。

外电网监测单元采集到数据后，通过计算得到外电网质量数据，包括三相相电压、线电压、电流有效值、功率、功率因数、相位角、频率等，并通过 CAN 总线送到上位机显示、存储。如果电网波动超限，系统会自动记录报警值，送上位机保存。

断相、错序、瞬间断电开关量的采样周期为 50 ms，电压、电流的采样周期为 250 ms。监测精度：电压 ±1%；电流 ±2%；频率 ±0.5 Hz；相位角 ±1%；功率 ±1%。

三、采集配线

外电网电压、电流采集配线如图 4-2 所示，每个外电网监测单元可以监测二路外电网的输入，目前外电网监测单元箱内部配线在出厂时已经做好，所以外电网监测单元施工配线只从外部配线至外电网监测单元箱内的配线端子即可。

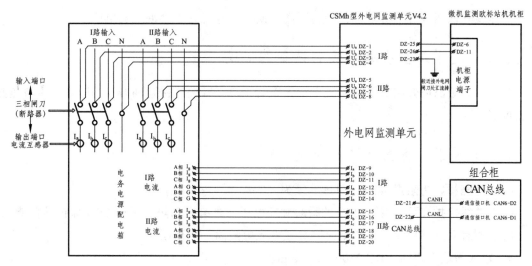

图 4-2　外电网监测配线示意图

外电网一、二路 380 V 的 A、B、C 三相电压引入线及公共零线 N 共引出 4 根配线，依次接至外电网监测单元箱的配线端子板 DZ1-8 端子；外电网一、二路电源每路需三个开口式电流互感器，每个电流互感器输出两根配线，依次接入外电网监测单元箱的配线端子板 DZ9-20，输出配线分正负极，接反将影响功率计算；外电网监测单元与监测机柜之间通过 CAN 总线通信，DZ21-22 为 CAN 通信配线；保护底线接至 DZ23-24，并就近接外电网闸刀处汇流排；监测单元所用电源来自站机提供的 220 V 交流电，配至 DZ25-26 号端子，经空开后供至监测单元模块。

四、安全隔离防护

（一）瞬间干扰（雷电、脉冲）

外电网输入回路上已经接有一级防雷设备，大部分能量从输入电源第一级防雷入地。

（二）牵引回流侵入防护

电务防雷设备是第一级防护设备，如果击穿防雷，空气开关（保险丝）将进行第二级防护。

假如空气开关被击穿短路，由于胶木板是和机壳绝缘的，将造成强电进入采集器，采集器输入和输出之间的耐压为 DC 2500 V，1 min。

混线防护：采样外线破皮造成的电源线接地的混线故障监测无法防护，只能由施工单位根据施工工艺标准进行防范。如减少中间环节，尽量减少故障点。

（三）高压隔离

高压线和低压线分槽分端子，中间隔离，使得强电轻易不会混入弱电区。

（四）监测设备故障对既有设备的影响

监测设备短路或开路故障对采集点都无影响，空气开关或保险断开反向隔离了对被监测设备的影响。

（五）采集设备内部防护措施

（1）外壳材料为阻燃 ABS，阻燃等级为 V0 级。

（2）总线保护：可承受 400 W 的瞬时脉冲电压，具有自动热关断和 ESD 保护等功能。

（3）所有对外接口全部采用电磁隔离或者光电隔离。隔离耐压：

- 输入与输出之间：DC 2500 V，1 min。
- 电源与输入之间：DC 2500 V，1 min。

（4）对于 I/O 端口，用 TVS 等抗电磁兼容措施，保证输入端口指标达到脉冲群：2 kV；静电：8 kV。

（5）串行通信芯片采用抗雷击串行收发器，芯片内置 4 个瞬时高压保护管（可承受高达 600 W 功率的瞬态抑制二极管），并外加保护器件，确保抗干扰能力。

（6）电源输入侧采用全隔离方式确保浪涌的可靠保护。

（7）极间绝缘电阻>2 MΩ。

（8）其他绝缘电阻>5 MΩ。

（9）耐热 960 ℃，不燃烧，阻燃符合国标最高等级 V-0 标准。

任务三　电源屏监测采集原理

一、监测的必要性

铁路信号系统中，信号电源屏提供信号设备所需的各种电源。电源屏的工作状态直接影响信号设备的工作，监测电源屏的相关数据将为信号设备供电质量分析提供依据。

二、采集原理

电源屏监测包括电源屏输入电压、电流和电源屏输出电压、电流、频率、功率、25 Hz电源输出电压相位角等内容。

智能电源屏自带智能采集终端，CSM 监测系统与该终端通过 RS-485 接口获取 709 号文规定的各种信息。

非智能电源屏的电压采集原理如图 4-3 所示，在组合架上安装熔丝组合，被采集的电压信号经过组合架上熔丝组合后，进入电源屏电压采集设备。熔丝组合中的熔丝配置为 0.3 A速断熔丝，主要用于防护采集机故障或配线原因造成的短路情况，同时在漏流接地测试时用于防护电流太大对信号设备造成的影响。

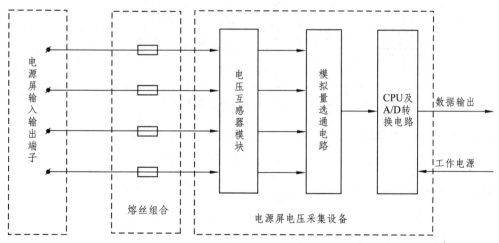

图 4-3　非智能电源屏采集原理电压采集原理图

电源屏电压采集输入一、二路电源和电源屏的各类输出电压。输入电压采样配线点在输入电源的输入断路器外侧端子上，输出电源电压采样配线点在输出电源输出断路器的外侧端子上。

电压采样路径：电源屏配线端子→熔丝组合→CSM 采集机。

电源屏电流的监测采用电流互感器模块+采集板的方式，便于安装和更换，电流互感器采用开口式。电源屏电流的监测包括电源屏输入电流的监测和电源屏输出电流的监测，如图4-4 所示。电流互感器模块分为两类：交流电流互感器模块和直流电流互感器模块。交流电流互感器模块是无源模块，输出为电流信号，直流电流互感器模块是有源模块，输出是电压信号。两类电流模块均为穿芯式电流采样模块。

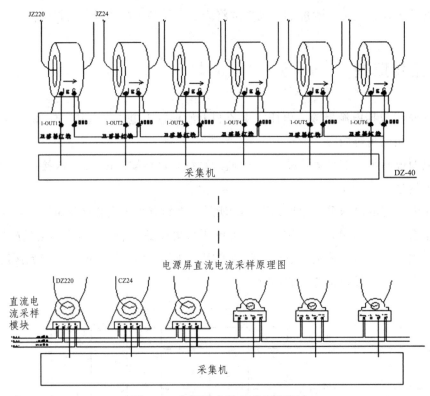

图 4-4　电源屏电流采集原理图

电流采样路径：电源屏输出线→电流采集互感器→CSM 采集机。

三、安全隔离防护

（一）瞬间干扰（雷电、脉冲）防护

电务防雷设备是第一级防护设备。如果击穿防雷，电源屏输入及电源屏输出熔丝为第二级保护设备；0.3 A 熔丝为第三级防护，当出现强电进入转换单元时，如果造成采集设备被击坏，会将 0.3 A 的隔离熔丝烧断，将采集侧和设备侧断开。

（二）牵引回流侵入防护

电务防雷设备是第一级防护设备。如果击穿防雷，0.3 A 保险丝进行第二级防护，当出现强电进入转换单元的情况时，如果造成采集设备被击坏，会将 0.3 A 的隔离保险烧断，将采集侧和设备侧断开。

（三）混线故障防护

集中监测系统无法防护采样外线破皮造成的电源线接地的混线故障，只能由施工单位根据施工工艺标准进行防范。

当监测设备内部出现短路故障时，由于采样线经过 0.3 A 保险丝、高阻和电磁隔离的防护，不会对被监测设备造成影响。

在采集线断路时，相当于未对电源进行采集，不会对电源屏输出电源造成影响。

（四）采集设备内部防护措施

（1）交流电压信号采用电压互感器（PT）隔离方式，如图 4-5 所示，传感器分别采用量程为 40 V、150 V 和 300 V 的电压互感器。

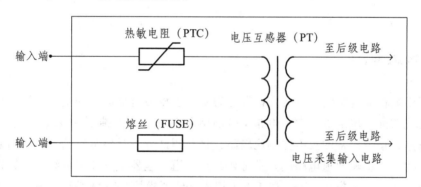

图 4-5　电压采集输入防护原理图

PT 作为可靠的隔离器件被广泛应用于交流电压的采集电路中，它与被监测设备之间隔离性好，安全性高，符合 JB/T 10667—2006《微型电压互感器标准》。

电压互感器内部结构类似变压器，外壳采用金属阻燃材料封装，内部真空，因此不会出现燃烧损坏的情况。当遭遇极端高压输入而被损坏时，可能出现内部铜线熔断，这不会对安全造成影响。出现极限情况时，为防止产生短路（由于互感器内部线圈是分层绕制，层之间又有绝缘，该种情况极少出现），即使发生由于电压输入线串入限流器件 PTC 和熔丝，也会将电流限制在 50 mA，极端情况 PTC 损坏，当电流达到 200 mA 时，熔丝也会及时熔断，因此不会对被测设备造成影响。

（2）电流采集采用非接触式电流互感器，采集设备与被监测设备没有任何电气连接，被监测电源线以穿芯方式穿过模块，模块采用电磁隔离方式，采集设备发生断路和短路故障均不会对被监测设备造成不良影响。

（3）所有对外接口全部采用电磁隔离或者光电隔离。隔离耐压：

- 输入与输出之间：DC 2500 V，1 min；
- 电源与输入之间：DC 2500 V，1 min。

（4）对于通信端口，保证输入端口指标达到脉冲群：2 kV；静电：8 kV。

5）采集器工作电源输入侧采用安全隔离，确保对浪涌电压的可靠保护。

任务四　25 Hz 相敏轨道电路监测采集原理

一、监测的必要性

轨道电路测试是实现预防修的一个重要手段，集中监测站机对轨道电路进行在线实时监测，提高轨道电路的维护效率，最大限度地保证行车安全。通过实时监测轨道电路接收端电压和相位角的变化，对轨道电路曲线进行分析，可及时掌握轨道电路调整状态和分路状态的工作情况。

二、采集原理

25 Hz 相敏轨道电路按接收端设备可分为微电子相敏轨道电路和交流二元二位继电器轨道电路，交流二元二位继电器轨道电路又分旧型和 97 型，这些制式在采集原理上是一致的。

轨道电路在信号设备的故障比例比较高，日常测试分析是轨道电路实现预防修的一个很重要手段，为了不影响轨道电路的正常工作，从轨道继电器端子（或分线盘、轨道测试盘）将轨道电压引入轨道采集机，经过衰耗电阻接入互感器模块，CSM 系统完成对轨道电路信息在线实时监测。25 Hz 相敏轨道电路电压测试原理如图 4-6 所示。

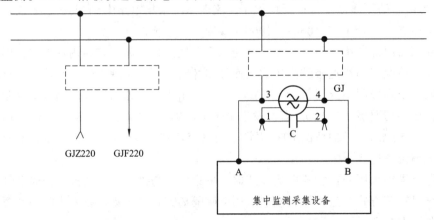

图 4-6　25 Hz 相敏轨道电路电压测试原理图

采样径路：室外电缆→防雷分线盘→轨道组合侧面端子→防护盒→防雷硒堆→轨道继电器组合架→轨道测试盘侧面端子→CSM 采集设备。

如图 4-7 所示，CSM 监测系统轨道电路采集采用高阻隔离和电压互感器隔离的方式，将采样后的信号调理成 CPU 能直接采集的信号，对采样后数据处理运算，得到每路轨道信号电压有效值和相位角，然后将轨道电源电压相位角与局部电源电压相位角比较得到相位差。

25 Hz 相敏轨道电路采样周期为 500 ms。

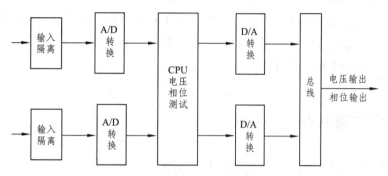

图 4-7　25 Hz 相敏轨道电路电压测试结构图

三、采集配线

图 4-8 为 25 Hz 相敏轨道电路电压采样配线图，表头上标明了配线端子板的位置为 C6-D1。为欧标机柜 C6 层 D3 端子块，对应该层第三块 25 Hz 相敏轨道电路电压采集板。每块 25 Hz 相敏轨道电路电压采集板可采集 7 路轨道电压。

	C6-D1		
	采集类型	轨道电压	
		c	a
	轨道区段名称	轨测盘侧面接线端子	轨测盘侧面接线端子
1			1
2	IAG	G1-501-4	G1-501-3	2
3			3
4	3-7DG	G1-501-16	G1-501-15	4
5			5
6	15DG	G1-502-10	G1-502-9	6
7			7
8	17DG	G1-502-14	G1-502-13	8
9			9
10	23-29DG	G1-502-18	G1-502-17	10
11			11
12	IG	G1-503-12	G1-503-11	12
13			13
14	3G	G1-503-16	G1-503-15	14
15			15
16	局部电源1	A层02-13 C6-D2-c16	A层02-12 C6-D2-a16	16
17			17

图 4-8　25 Hz 相敏轨道电路电压采样配线图

左起第一列为轨道区段名称，第二列、第三列分别为 D1 的 c 列和 a 列端子，例如，表中 IAG 的采集线配在 c2 和 a2 端子，采集线分别来自轨道架侧面端子 G1-504-4 和 G1-504-3。

局部电源的配置说明：局部电源配在轨道接口端子的 a-16/c-16 位置。每个配线端子配一路，当局部电源只有一路时，配在第一个轨道接口端子的 a-16/c-16 位置。其他使用本局部电源的接口端子从本端子开始环线.当局部电源有两路时。局部电源 JZ110-2/JF110-2 从最后配有局部电源 JZ110-1/JF110-1 的接口端子后面的配线端子开始配置，其他使用本局部电源的配线端子从这个端子开始环线.使用不同局部电源的轨道区段，采集时不能配在同一个配线端子上。

四、安全隔离防护

（一）瞬间干扰（雷电、脉冲）防护

轨道电路分线盘上已经接有防雷设备，大部分能量从防雷设备入地，不会对主体设备造成影响。

（二）牵引回流侵入防护

牵引回流侵入对采集模块的冲击有三层防护：第一层为扼流变压器的防护，钢轨侧来的强干扰源很难窜至扼流变压器Ⅰ次侧；第二层为轨道变压器的防护，当强干扰源通过扼流变压器窜至轨道变压器Ⅱ次侧时，很难窜至轨道变压器Ⅰ次侧；第三层防护为保险的防护，当强干扰源通过轨道变压器Ⅱ次侧时，会将轨道箱内保险熔断，从而断开室内外电气设备的连接；在信号楼内分线盘上的防雷设备也会将剩余能量入地，从而有效的保护设备。

（三）对于采样线混线的防护

集中监测系统无法防护采样外线破皮造成的电源线接地的混线故障，只能由施工单位根据施工工艺标准进行防范。

当监测设备内部出现短路故障时，由于采样线经过 0.3 A 保险丝、高阻和电磁隔离的防护，不会对被监测设备造成影响。

在采集线断路时，相当于未对电源进行采集，不会对电源屏输出电源造成影响。

（四）采集设备内部防护措施

采集设备内部防护措施同本章任务三相关内容。

任务五　转辙机监测采集原理

一、监测的必要性

道岔故障在铁路交通运输中时有发生，在铁路信号故障占比近一半。道岔的动作电流曲线能实时反映道岔启动、运行、密贴、摩擦时的状态，通过监测手段给出异常状态的道岔预警信息，通知维修人员及时检修调整，能有效预防道岔故障的发生。

二、交流转辙机监测

在列车运行速度 120 km/h 及以上或特别区段（如重载），提速道岔得到了广泛应用，一般提速道岔选用 ZYJ7 和 S700 K 交流转辙机作为道岔转转设备。

提速道岔由交流转辙机完成牵引任务，交流转辙机的电机是三相异步电动机，三相异步电动机旋转起来的先决条件是具有一个旋转磁场。三相异步电动机的定子绕组就是用来产生旋转磁场的。我们知道，三相电源相与相之间的电压在相位上相差 120°，三相交流电机定子中的三个绕组在空间方位上也互差 120°，这样，当在定子绕组中通入三相电源时，定子绕组就会产生一个旋转磁场，电流每变化一个周期，旋转磁场在空间旋转一周，即旋转磁场的旋转速度与电流的变化是同步的。旋转磁场的旋转方向与绕组中电流的相序有关。相序 A、B、C 顺时针排列，磁场顺时针方向旋转，若把三根电源线中的任意两根对调，例如将 B 相电流通入 C 相绕组中，C 相电流通入 B 相绕组中，则相序变为 C、B、A，则磁场必然逆时针方向旋转。利用这一特性我们可很方便地改变三相电动机的旋转方向来带动道岔。

微机监测多年的经验告诉我们，传统的方法只监测电流是不够的，需要测试其电压、电流和功率因数，并绘制出电流、功率曲线实时反映道岔的正常动作情况和故障情况，这对维修具有重要的指导意义。

交流转辙机的监测内容：电压、电流、功率、1DQJ 状态、定反位表示状态。

如图 4-9 所示，三相交流转辙机电流/功率采集单元（传感器模块）设置在组合架附近，一个采集单元采集一组转辙机的三相电压、电流、1DQJ 和定/反住表示开关量。电压的采样点 U_a、U_b、U_c 平时经监测点（1DQJ 和 1DQJF 接点）与外线断开，在道岔扳动时，1DQJ 和 1DQJF 吸起，该监测点随着道岔启动电路的接通而监测道岔的数据。

提速道岔电压监测点是在断相保护器（DBQ）前级端子 11、31、51 上。

提速道岔电流采集配线位置在 DBQ 输出（21、41、61）与工 1DQJ（1DQJF）之间。采用穿芯互感器方式采集。

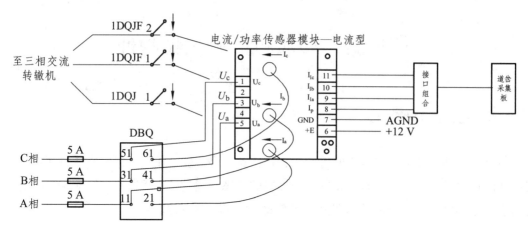

图 4-9　三相交流转辙机采集原理图

道岔转换时才会有动作电流，要监测道岔电流就必须监测道岔转换的起止时间。道岔采集机是通过采集 1DQJ 的落下接点状态来监测道岔转换起止时间的。1DQJ 吸起，2DQJ 转极，道岔开始转换，转换完毕，1DQJ 落下。

采集状态的最好方案是采集空节点，一般在提速道岔控制电路上 1DQJ 继电器只有半组空接点，使用开关量采集器隔离采集 1DQJ 或 1DQJF 的一组低压半空接点的中接点和后接点。目前常用的采集位置是 1DQJ/1DQJF 的第 4 组接点。采集原理如图 4-10 所示。

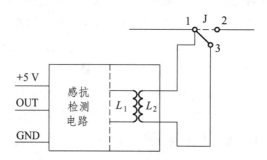

图 4-10　1DQJ 半组空接点采集原理图

为了了解道岔动作方向，需要采集定/反位表示状态，采集通常采对应 DBJ 和 FBJ 的一组空接点。采集原理如图 4-11 所示。

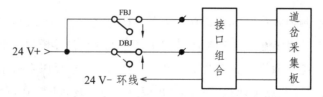

图 4-11　表示继电器空接点采集原理图

电压、电流采样路径：道岔组合输入空开→断相保护器前级（电压采集）→断相保护器后级（电流采集）→CSM 采集单元。

1DQJ 采样路径：1DQJ 空接点（半组后接点）→开关量采集模块→CSM 采集单元。

定反表示采样路径：DBJ/FBJ 空接点→CSM 采集单元。

道岔在操动时，1DQI 由吸起到保持再到落下进行变化，1DQJ 开关量状态也随之变化。互感器开始采集道岔动作时的电压和电流，并进行隔离转换，每 40 ms 计算出有功功率，并顺次记录下来，等待一组完整动作结束（以 1DQJ↓ 为标志，单条曲线最长可采集 40 s），通过总线通信方式将电压实时值（40 ms 一个点）、电流曲线以及有功率曲线（40 ms 一个点）、1DQJ 以及定/反位表示状态送往站机进行处理显示。

三、直流转辙机监测

普通道岔目前普遍由 ZD6 系列直流转辙机担任牵引任务，直流转辙机分为 ZD6 系列四线制直流转辙机以及 ZD6-E/J 型六线制直流转辙机等。该系列转辙机用于列车速度小于 120 km/h 线路上的道岔。

普通道岔监测的内容：电流、1DQJ 状态、定/反位表示状态。通过对道岔动作电流的实时监测，能直接测量出电动转辙机的启动电流、工作电流、故障电流和动作时间，并以此描绘出道岔动作电流曲线。通过对电流曲线的分析即可分析判断道岔转辙的电气特性、时间特性和机械特性。四线制直流转辙机道岔电流采集原理如图 4-12 所示，六线制直流转辙机道岔电流采集原理如图 4-13 所示。

四线制道岔电流采集原理：采集点是在分线盘采集动作电流回线获得，电流模块可采用电流互感器穿芯方式，从分线盘 X4 到道岔组盒侧面的电缆处采集。驼峰 ZD7 系列快动转辙机道岔在分线盘 X3 处采集。

采样路径:分线盘电路回线→电流互感线圈穿芯→CSM 监测系统采集元。

电流采集单元可集中安装在分线盘的空位或一层空的组合架位置。

六线制道岔电流采集原理：采集 ZD6-E/J 转辙机动作电路的去线，电流模块采用两个电流互感器分别采集，采集点一般为 1DQJ 至 2DQJF 的 111～121。电流互感器分散安装在道岔组合内部。

直流转辙机道岔电流曲线的采样周期为 40 ms。驼峰 ZD7 系列快动转辙机道岔电流曲线的采样周期为 10 ms。

1DQJ 状态采集以及道岔定/反位表示状态的采集与提速道岔相关采集方式相同。

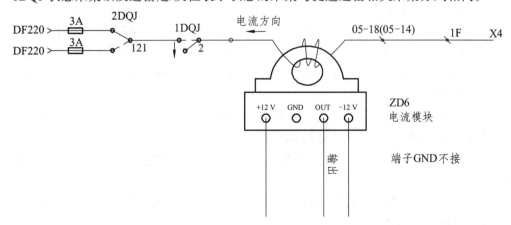

图 4-12　四线制直流转辙机电流采集原理图

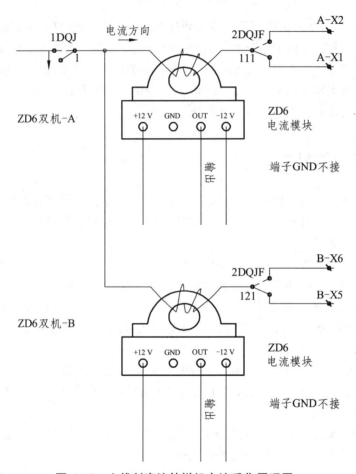

图 4-13　六线制直流转辙机电流采集原理图

四、安全隔离防护

　　对于雷电、脉冲等瞬间干扰的防护，因为采集点都经过了 1DQJ、2DQJ、DBQ 的反向隔离，瞬间干扰不会窜至采集模块。

　　对于牵引回流侵入，有 1DQJ、2DJ、DBQ 的防护，DBQ 上的电压采集点 11、31、51 在道岔不扳动时不直接与外线连接，经过 1DQJ 和 1DQJF 的前接点断开外线。只有在扳动道岔时，1DQJ 吸起后，采集点才与外线接通。综上，道岔功率采集模块的防护标准需按照室内设备的标准执行。

　　电流采样采用的是穿芯式霍尔电流传感器，与被采集设备无电气连接，传感器自身短路或者开路都不会对被采集设备产生任何影响。

　　若 DBQ 处电压采样线短路，将造成 DBQ 熔丝熔断，导致道岔不能动作，但是不会造成更加危险的后果。

　　集中监测系统无法防护采样外线破皮造成的电源线接地的混线故障，只能由施工单位根据施工工艺标准进行防范。

任务六　道岔表示电压监测采集原理

一、监测的必要性

道岔表示信息是道岔维护的主要内容，道岔失去表示会导致联锁进路失去依据，从而影响行车。一旦道岔发生表示故障，怎样快速恢复道岔正常，最关键是判断故障范围和故障点，如果判断错误，将对铁路运输带来严重干扰。

CSM 监测系统在分线盘实时监测每组道岔的表示在线电压，能准确发现故障。CSM 系统发出二级报警时，通过 CSM 网络传送给电务段监控终端。

我们知道道岔表示电路直流电压受室外道岔二极管影响，而道岔表示电路二极管目前采用 2 并 2 串的连接方式，如果有一个二极管损坏，道岔表示电路电压会受到影响，道岔电路表示继电器就会处于故障临界状态。二极管位于室外，电务维修人员很难及时发现该故障隐患，从而导致长延时故障的发生。通过 CSM 监测系统对道岔表示电压的监测，可以轻松地发现这种潜在隐患。

二、提速道岔表示电路分析

道岔表示采样配线位置上存在高压的分析（以 ZYJ7 型电液转辙机带一个副机电路为例）。

在交流转辙机道岔表示电路中，道岔在操作时会有瞬间极高的反向电势（最高达 2500 V 以上），如果不对监测电路做特殊处理和加强防护，就会对 CSM 监测系统采集道岔表示电压电路带来巨大而不可抗拒损坏性的冲击。

下面以 ZYJ7 型电液转辙机 1、3 闭合，反位操定位为例来进行电路分析。

1. 道岔启动前

道岔动作前处于反位，转辙机 2、4 排接点闭合，1、3 排接点断开。

2. 道岔电路启动时

道岔定位操纵，1DQJ↑，2DQJ 转极，动作电源 A 相经分线盘 X1 端子向室外转辙机供电，B 相经分线盘 X2 端子向室外转辙机供电，C 相经分线盘 X5 端子向室外转辙机供电。其动作电流回路如图 4-14 所示。

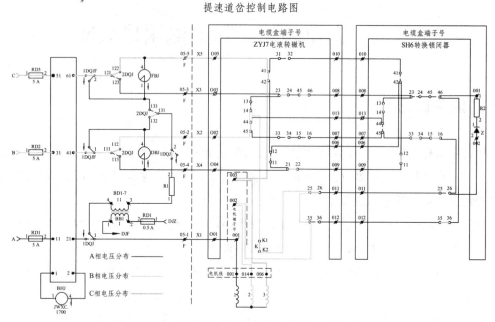

图 4-14 ZYJ 型电液转辙机定位操纵时动作电流回路

3. 道岔启动中

道岔刚启动后，主副机的动接点完成从第 2 排转换到第 1 排静接点，此时动接点的连接状态为与第 1 排、第 4 排静接点连通，与第 2、3 排静接点断开，启动电路通过第 4 排接点（41-42、43-44）向三相电机线圈供电。

X2 上的 B 相经 13-14 接点连接到 X3，X5 上的 C 相经过 11-12 接点连接到 X4，如图 4-15 所示。

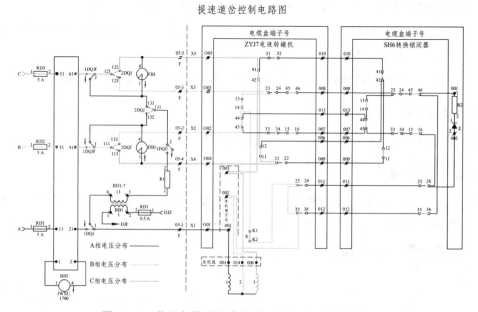

图 4-15 道岔定操过程中电路 380 V 电压分布情况

在整个道岔动作过程中，道岔电路 X3 与 X5、X2 与 X4 之间存在交流 380 V 电压。这个电压来自 B 相和 C 相，且 X4 和 X5、X2 和 X3 等电位。

4. 道岔主机启动完成后

当主机动作结束时，第 4 排静接点断开，第 3 排静接点闭合。若此时副机并未到位，副机的第 4 排静接点仍闭合，这时 B 相和 C 相电压通过主机的第 1、3 排静接点（31-32、33-34、15-16）和副机的第 1 排静接点（41-42、43-44）构成续操电路，确保道岔能继续转换到位。问题是主机动接点从第 4 排静接点向第 3 排静接点转换时，会出现三相电路瞬间切断又瞬恢复，X3 和 X4 上的 B、C 两相电压，受接点转换影响也出现瞬间断电又恢复的情况。此时电路中的电压分布如图 4-16 所示。

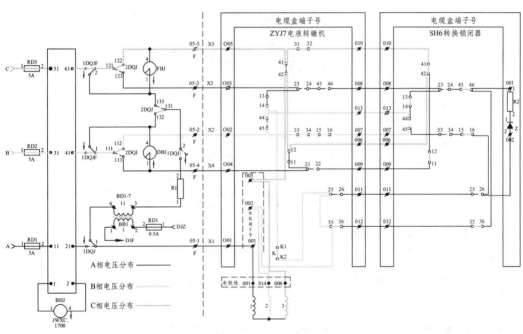

图 4-16　电路电压分布

5. 道岔转换完成后

最后副机转动到位，副机的 41-42 接点断开切断 C 相电源。室内断相保护器使 1DQJ↓断开三相电路。

6. 总　结

根据上述分析可知，ZYJ7 型电液转辙机控制电路瞬间通断有以下几个时刻：

（1）道岔启动，2DQJ 转极，此时道岔动作电路刚接通。

（2）主机动作到位，第 3、4 排接点转换，瞬间切断又连接三相回路组成续操电路。

（3）转辙机最后转动到位，此时由室外动接点断开三相中的一相。

在 ZYJ7 道岔电路动作回路中，三相电源存在闪断或闪通，电机线圈电感的影响在道岔电路回路中将产生极强的感应电动势。电路中 X4 线对 X2 线、X3 线对 X5 线在道岔操动过程会出现瞬间高压，所以 CSM 监测系统采集道岔表示电压的必须注意和防护高压。

三、普通道岔表示电压采集

在直流转辙机道岔表示电路中，表示回线是 X3 线。当道岔处于定位时，1DQJ 处于↓，2DQJ 前接点处于接通状态，DBJ 线圈两端经条件分别连到分线盘的 X1 和 X3，与室外道岔设备构成表示回路。道岔在反位时，同样 FBJ 线圈两端经过条件分别连到分线盘的 X3 和 X2，与室外构成表示回路。普通道岔表示电压采集原理如图 4-17 所示。

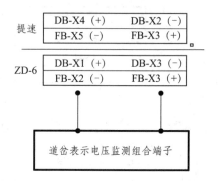

图 4-17　交流转辙机道岔表示电压采集原理图

直流转辙机道岔表示电压采样位置：

定表电压采集：分线盘 X1、X3（X1 为正，X3 为负）。

反表电压采集：分线盘 X2、X3（X3 为正，X2 为负）。

四、提速道岔表示电压采集（以 ZYJ7 为例）

提速道岔控制电路中 X1 既是表示线又是动作线，定位状态的 1DQJ↓，2DQJ 前接点处于接通状态，DBJ 线圈两端分别接通分线盘的 X4 和 X2，与室外道岔设备构成定位表示回路。反位状态的 1DQJ 处于↓，2DQJ 后接点处于接通状态，FBJ 线圈两端分别接通分线盘的 X3 和 X5，与室外构成反位表示回路。提速道岔表示电压采集原理如图 4-17 所示。

提速道岔表示电压采集位置为：

定表示电压采集分线盘 X2、X4（X4 为正、X2 为负）。

反表示电压采集分线盘 X3、X5（X3 为正、X5 为负）。

采样路径：分线盘接点 ~CSM 采集器。

五、CSM 监测系统道岔表示采集单元继电器封装方式

（1）被采集电压在组合架通过继电器封装方式隔离后再进入监测柜。

（2）外壳采用铁路信号专用继电器外壳和底座，符合 GB/T7417—2001 标准，相邻簧片纵向之间的耐压值为大于 AC 2000 V，横向之间大于 AC 3000 V。继电器外壳的外部端子与内部电路板用阻燃的胶木隔离，且隔离间隔大于 500 mm，即使外部接触端子击穿打火，也不会影响继电器内部的电路板及元器件。

（3）同一组道岔可能产生高压的采集端子排列在对角位置；不同组道岔的采样线的输入端子之间空出一排或两排端子。如图 4-18 所示为直流转辙机的道岔表示电压采集配线表，一个采集器采集 4 组直流转辙机道岔表示电压。

对于交流转辙机的道岔表示电压采集，考虑到强压侵入、最小爬电距离、器材质量等隐患，配线图参见图 4-19，一个采集器采集 2 组交流转辙机道岔表示电压。电压输入端子如图排列，将同一组输入的有可能产生高压的端子隔开排列，进一步提高了耐压值。不同组转辙机表示线的输入端子之间空出二排端子，使得一组端子上的干扰信号不会影响到其他道岔设备。

（4）每组道岔采样线之间隔一个端子，而耐压为 AC 4000 V 以上。

72	X1	82	X3
71	X3	81	X2
73		83	
52	X1	62	X3
51	X3	61	X2
53		63	
32	X1	42	X3
31	X3	41	X2
33		43	
12	X1	22	X3
11	X3	21	X2
13		23	
3	串行 A	4	串行 B
1	工作电源+	2	工作电源-

图 4-18　直流道岔表示电压采样配线图

72		82	
71	X4	81	X2
73		83	
52	X5	62	X3
51		61	
53		63	
32	X4	42	X2
31		41	
33	X5	43	X3
12		22	
11		21	
13			
3	串行 A	23	串行 B
1	工作电源+	2	工作电源−

图 4-19　交流道岔表示电压采样配线图

六、CSM 监测系统输入端与主板之间隔离保护措施

（1）道岔表示电压输入电路如图 4-20 所示，在采集器输入高低端之间增加熔丝（标称值为 64 mA），当电流超过 200 mA 时，熔丝会瞬间熔断，可靠防止了输入端短路。

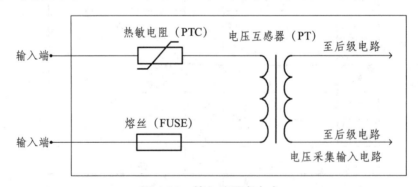

图 4-20　输入端隔离方式

（2）分压回路中需串入 PTC 热敏电阻，它在输入端回路电流超过 64 mA 时开始发挥作用，在几十至几百毫秒内将阻值增至几兆欧，直至自身烧毁开路。

（3）限流电阻高低端各采用 1 MΩ 的氧化金属膜电阻，强电高压输入经限流电阻分压取样后，降为弱电压信号（几百毫伏量级）进入后级处理电路。

（4）隔离电路与继电器输入端子的接线采用 200 ℃ 高温阻燃导线。

任务七　电缆绝缘监测采集原理

一、监测的必要性

铁路信号设备室内设备通过控制电缆控制室外设备,在铁路信号中起着举足轻重的作用。在实际运用中,铁路信号电缆对地绝缘不良的情况时有发生,铁路信号电缆对地绝缘不良轻则引发设备的故障,影响铁路交通运输,重则造成信号联锁失效。电缆绝缘测试是 CSM 监测系统的重要功能之一。

二、采集原理

缆绝缘测试是指电缆芯线全程对地绝缘电阻的测试,支持人工启动全测或单测。电缆绝缘测试流程图如图 4-21 所示。由于部分电缆芯线接有防雷设备,为避免测试电压击穿防雷设备,影响信号设备正常使用,测试电缆绝缘时应按规定要求先拔下防雷元件,再行测试。

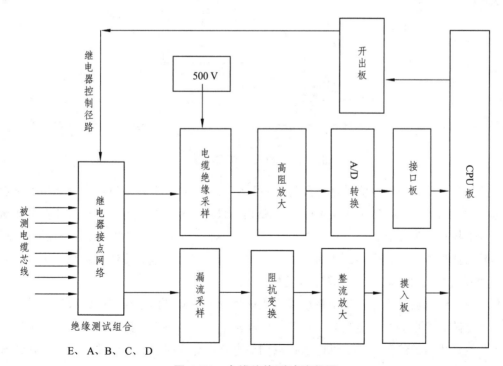

图 4-21　电缆绝缘测试流程图

电缆绝缘测试是由综合采集机通过开关量输出模板驱动安全型继电器，由继电器接点组成多级选路网络和互切电路，将所测电缆芯线通过选路网络逐条接入综合采集机电缆绝缘监测电路模板，采用 500 V 直流高压在线测试方法，将电缆全程对地绝缘电阻 A/D 转换成相应的 0～5 V 标准直流电压，送入 CPU 进行数据处理。

采样路径：分线盘配线端子→继电器接点网络→CSM 绝缘测试表→采集板。

将特制的 500 V 直流高压加至电缆芯线上，把电缆芯线全程对地绝缘电阻 R_x 接入测试回路（安装在 E10 的电缆绝缘测试电路），和回路内取样电阻串联，从取样电阻上获得取样电压。R_x 的大小决定回路电流的大小，亦即决定取样电压的大小。采样电压经放大电路后输出的信号 JY-A/D 是一个 0～5 V 以标准直流电压，该电压量化转换成脉冲信号后送入综合采集机绝缘接口板，经选通送至 CPU 进行数据处理，其原理图如 4-22 所示。

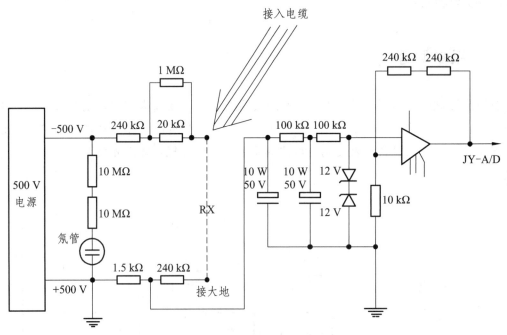

图 4-22　绝缘测试原理图

铁路信号设备电缆绝缘测试都是经过防雷后引入绝缘测试组合（道岔在分线柜处不设防雷），由于电缆芯线数量多，启动电缆绝缘测试时，只能一根一根的测试，这就要借助测试继电器组成的树型阵列接点开关，也就是继电器多级选路网络和互切电路，将每条电缆顺序的、逐一的接入测试电路，如图 4-23 所示。在启动电缆绝缘测试之前，测试电缆与绝缘测试采集设备（如开出板、CPU 板）之间是完全隔离的。

测试时，继电器的吸起或落下是由采集机通过开关量输出模板控制的，根据接受命令的路码，算出阵列中哪些继电器吸起，哪些继电器落下，从而将哪一路电缆接入测试电路。

工程设计中将绝缘漏流测试继电器接点网络电路设计成完整的绝缘测试组合，其中 E 组合是控制组合，A、B、C、D 是被测电缆引入组合，E 组合控制 A、B、C、D 四个组合，每一个组合可以采集 64 根电缆。

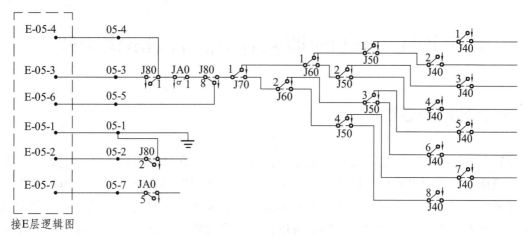

接E层逻辑图

图 4-23 绝缘测试接线图

每一整套组合的最大容量为 256 根电缆芯线，分 4 组接入 A、B、C、D 层，经由继电器接点组成的树型阵列开关，在采集机软件的控制下，顺序接入电缆绝缘测试电路——E10，计算出对地绝缘值。当某个站被测电缆绝缘路数大于 256 路时，根据具体电缆数量，增加电缆测试组合 E′、A′、B′、C′、D′。

电缆绝缘测试继电器组合的内部配线由厂家按标准配线图配接好，对于具体车站应根据具体电缆芯线数量和现场调查资料，对照标准图的端子分配设计图施工配线。

三、安全隔离防护

信号机、轨道电路的电缆绝缘测试都是经过防雷后引入绝缘测试组合，启动电缆绝缘测试后，借助测试继电器组成多级选路网络和互切电路，将每条被测电缆顺序的、逐一的接入测试电路。在启动电缆绝缘测试之前，测试电缆与绝缘测试采集设备（如开出板、CPU 板）之间是完全隔离的。

在电气化铁路中，道岔控制线电缆没有防雷设备的保护，CSM 监测系统有可能被外来的强信号干扰。测试时电路中虽然通过控制 J80（J80 位于 E 组合中，是绝缘测试总开关，只有 J80 吸起才能正常启动绝缘测试，J80 是测试绝缘的关键继电器）的状态保证电缆信号不会接入机柜的采集机，当工频等强干扰信号通过道岔电缆串入绝缘测试组合，有可能击穿继电器接点，会影响其他绝缘测试设备。因此必须对道岔电缆绝缘测试部分进行特殊设计，以防止影响道岔正常使用。解决方法如下：

（1）将道岔电缆集中配置在单独的绝缘测试组合，不与其他电缆在同一层使用。

（2）道岔电缆统一配置在绝缘选路继电器的前接点，对应侧面端子为 01-9 ~ 01-16、02-9 ~ 02-16、03-9 ~ 03-16、04-9 ~ 04-16，绝缘测试落下对应侧面端子不配线，以增强线缆之间的耐压能力。

任务八 电源对地漏泄电流监测采集原理

一、监测的必要性

当电源屏的输出电缆出现对地绝缘不良时，就会存在对地溢出电流，称之为漏泄电流。铁路信号电源出现对地漏泄电流采集超标时，会对电气设备造成电气伤害。及时发现并消除此类隐患，对于信号维护工作非常重要，漏电流测试是在运用状态下做测试，在测试过程中可能会导致设备故障，所以对它的采集需要非常慎重，一般要求串入保护电阻进行测量。

二、采集原理

电源对地漏泄电流测试原理如图 4-24 所示，测试电路中串入了较大的保护电阻（交流电压阻抗值为 50 Ω、直流电压阻抗值为 1 kΩ）和保护熔断器。

电源屏电源通过继电接点网络引入漏流测试盒。

漏流测试盒内的测试电路中串入了保护电阻（1 kΩ）和保护熔丝。

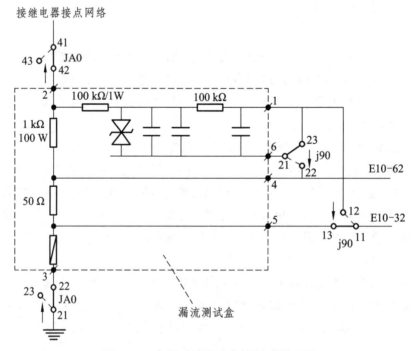

图 4-24 电源对地漏泄电流测试原理图

电源屏输出电源对地漏流的测试电路类似于电缆绝缘的测试电路，所以电源对地漏流测试与电缆绝缘测试共用一套测试继电器组合。

电源屏输出电源有交、直流之分，为提高测试精度，在电缆绝缘测试继电器组合的基本层（E 层），增加两个漏流测试继电器 JA0、J90。JA0 作为测试电缆绝缘和测试电源漏流的区分条件，J90 作为测试交流漏流和直流漏流的区分条件。JA0、J90 受开出板控制，由软件程序控制它们动作。

测交流电源漏流时，JA0↑、J90↓，在 50 Ω电阻上取样。

测直流电源漏流时，JA0↑、J90↑，在 1 kΩ电阻上取样。

将取样电压信号量化转换成标准模拟电平。经采集机模拟量输入板送至 CPU 进行 A/D 转换和数据处理。

采样路径：电源屏输出端子→继电接点网络→漏流测试盒→绝缘漏流灯丝测试单元→采集板。

漏流测试通常检测电源屏隔离输出的电源电缆，包括信号机灯电源、轨道电路电源、道岔动作电源、道岔表示电源、闭塞电源、联锁电源、列控电源、TDCS/CTC 电源、CSM 电源、电码化电源、稳压备用电源等交直流电源。电源屏输入和不稳压备用电源为非隔离电源，不测试漏流。

特别注意：电源屏各种输出电源对地漏流的测试关系到安全生产，为防万一，规定只在天窗时间内人工启动测量。

三、安全隔离防护

（一）安全分析

对于瞬间干扰（雷电、脉冲）防护，因为电源屏输出电压都是通过电源屏输出保险后再经过监测保险丝组合接到漏流测试组合侧面，同时通过 JWXC-1700 型继电器接点断开既有设备的连接，雷电和牵引回流等大干扰不会窜至采集机笼或机柜中。

（二）安全措施

电源屏输出先经过其自身的保险，并输出至接口端子。集中监测的绝缘漏流采样点必须设在电源屏输出保险后端。监测系统再设置 0.3 A 保险丝隔离后，进入绝缘漏流测试组合，保险丝组合如图 4-25 所示。电源的漏流采集配线接入本组合的保险丝端子的下接点上，当保险丝断开时，漏流采集线与绝缘漏流采集组合断开，当保险丝接通时，漏流采集线被接入绝缘漏流采集组合中。

不测试时，监测电路和信号设备断开（通过 JWXC-1700 型继电器接点断开）；漏流测试时，只能接通一路被监测电源线，不会造成信号设备间的短路。

电源屏各种输出电源对地漏流的测试关系到安全生产，信号集中监测技术条件规定只能在天窗时间内人工启动测量，保证行车安全。

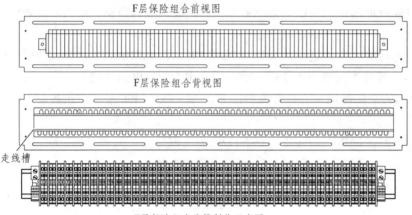

F层保险组合前视图

F层保险组合背视图

走线槽

F层保险组合线排制作示意图

说明:
1. 使用铁标组合的一层空底板,上方开横槽走线孔,前方安装80片带保险的WAGO端子,用绝缘隔片隔开。后方安装走线槽,用于固定线缆。
2. 保险容量为0.3 A。

图 4-25　保险组合结构示意图

任务九　列车信号机点灯回路电流监测采集原理

一、监测的必要性

灯丝继电器在信号机点灯电路中起监督点灯回路完整性的作用,灯丝继电器为电流型继电器,现场实际应用中发现一些灯丝继电器因信号机点灯回路中的电流不达标而失磁落下,造成信号机灭灯,影响行车。

因此,CSM 监测系统有必要监测车站列车信号机和区间通过信号机点灯电路中的电流,及时发现电路中电器特性异常的隐患,给出电气特性超标报警,提醒现场维护人员及时排除设备隐患,确保行车安全。

二、采集原理

列车信号机点灯回路电流的监测采用"采集模块+采集板"的方式,采集板使用模拟量输入板(模入板)。

采集模块采用电流互感器测试点灯回路电流的方法。通常拆取信号机点灯熔断器之后到 DJ(2DJ)的一段配线,或将 DJ(2DJ)的点灯去线穿过电流互感器再接回原点灯电路,如图 4-26 所示。穿芯线在电流互感器处需绕 3 匝,即孔内为 3 根线。电流互感器将采集数据输出至采集机,经采集机数据处理后,得出列车信号点灯回路电流值。

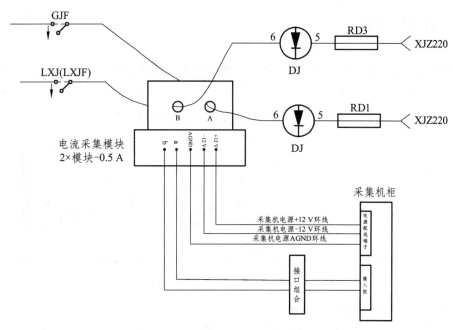

图 4-26 列车信号机点灯电流采集原理图

采样路径：DJ 电流传输线→信号电流采集互感器→ CSM 采样设备。

三、安全隔离防护

工程实施时，点灯回路线缆不得截断，采集线直接从联锁组合内部引出，在电流互感器上穿芯绕 3 匝后再接回联锁组合内部。如此，采集设备与被采集设备之间没有任何电气连接，且电流互感器采用电磁隔离方式，即使采集设备发生短路也不会影响被采集设备。

任务十 防灾异物侵限监测采集原理

一、监测的必要性

高速铁路自然灾害与异物侵限防灾系统是保证高速铁路列车行驶安全的重要装备之一，对高速铁路沿线异常天气、地震、上跨铁路的道路桥梁及隧道口的异物侵限进行实时监测，为调度指挥及维护管理提供报警、预警信息，有效防止或减少灾害对高速铁路列车运行安全的影响。

集中监测系统监测异物防灾系统与列控系统接口处的直流电压对于判定故障位置有很大的作用。

二、采集原理

列控中心 YWJ 驱动电压是由从室外送回到室内的，那么 CSM 监测系统电压采样点最佳点当然是在分线盘对应的端子上。防灾异物侵限继电器电压测试原理如图 4-27 所示。

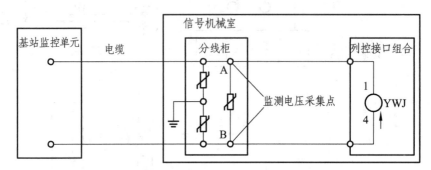

图 4-27　防灾异物侵限继电器电压测试原理图

采样路径：分线盘配线端子→CSM 采集设备。

采用高阻加光电隔离传感器进行隔离采样，采样信号经过调理后送入 CPU 处理，由现场总线送站机分析显示，如图 4-28 所示。

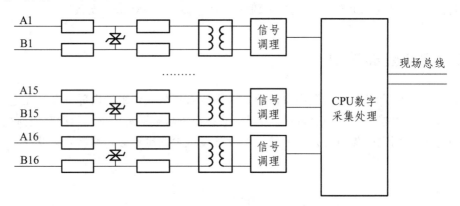

图 4-28　防灾异物侵限继电器电压隔离采样示意图

三、安全隔离防护

（一）瞬间干扰（雷电、脉冲）隔离防护

电缆输入路径为通信机械室至信号机械室，通信机械室有雷电防护，雷电传递到信号机械室的概率较小。

信号机械室分线盘输入处接有防雷设备，大部分能量从防雷设备入地，对监测设备造成影响的概率较低。

（二）牵引回流侵入隔离防护

因为防灾侵限电压采集电路和室外设备间没有电气连接，所以不会受到持续信号对采集设备的冲击。

任务十一　环境状态监测采集原理

一、监测的必要性

随着新技术在信号系统领域的广泛应用，信号微机室和信号机械室内的计算机等电子设备对环境条件的要求越来越高，高温、潮湿等环境条件不利于信号设备的正常工作，所以对环境状态的自动监测也就越来越重要。其中主要涉及机械室的火光、烟雾监测，门禁监测及温湿度监测。CSM 监测系统接到相关传感器传送报警信息，站机报警并上传终端。

二、采集原理

（一）烟雾和火光监测

烟雾和火光监测的基本原理是在信号设备房的顶部安装烟雾和火光传感器，在监测范围内出现烟雾和火光时，传感器能即刻监测出来并将内部的报警接点连通，把报警状态送回CSM 监测系统开关量采集设备。

烟雾和火光传感器安装在机械室房屋的顶部中央比较适宜，一般两者安装在一起。

（二）门禁监测

门禁是在信号机械室入口处安装的红外门禁传感器，传感器在感应范围监测到有人在经过时，传感器上的报警接点即刻连通，把报警状态送回 CSM 监测系统开关量采集设备。

门禁红外线传感器的探头一般安装在机械室门口的墙上，距地面 2 m 的位置；个别情况墙体安装困难，而信号组合架离机械室门口很近，可以考虑安装在正对机械室门的组合架顶部走线槽上。

（三）温湿度检测

温度探头采用热电阻测量温度，一般由纯金属材料制成，选用最多的是铂和铜。

湿度传感器目前分为两种：电阻式和电容式，基本形式都是在基片涂覆感湿材料形成感湿膜。空气中的水蒸气吸附于传感器涂覆感湿材料后，电子器件常数发生变化，从而制成湿敏元件。

CSM 监测系统温湿度的监测原理就是在温度和湿度探头后部加装采集传感器，将温湿度探头的电阻变化量转换成电压值输入采集板。

信号机械室需要安装 1 或 2 套温湿度传感器，计算机联锁车站的微机室需安装 1 套。

安装时要注意传感器的探头和传感器应紧挨着安装，因为探头上的输出线较短，这样不但方便接线，而且能降低输出线的电阻，提高采集精度。安装的地点以能够准确反映室内的温度和湿度为宜。

三、安全隔离防护

集中监测系统的环境状态监测采集设备不与信号设备发生任何联系，不会对信号设备产生任何不利影响。

任务十二 高压不对称脉冲轨道电路监测采集原理

一、监测的必要性

高压不对称脉冲轨道电路接收端译码器（YMQ）接收到高压脉冲信号后，将其转换为脉冲波头和脉冲波尾两路电压，驱动二元差动继电器。当脉冲极性不正确或高压脉冲的波头、波尾的幅值比例超标时，二元差动继电器会落下（见图 4-29）。

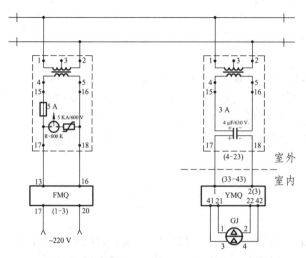

图 4-29 一送一受高压不对称脉冲轨道电路原理图

CSM 监测系统监测高压不对称脉冲轨道电路译码器的输入、输出电压以及高压脉冲波形的情况，可实时掌握该轨道电路的运行情况，并为信号部门状态修提供有利的数据。

二、采集原理

高压不对称脉冲轨道电路的监测内容包括：译码器输入峰值电压、电压波形，接收端波头有效值电压，接收端波尾有效值电压。

监测点位于译码器（YMQ）的相应输入输出端：

- 峰值电压、电压波形采样位置为译码器（YMQ）的输入端 1、2（3）；
- 接收端波头有效值电压的采样位置为译码器（YMQ）的输出端 21、22；
- 接收端波尾有效值电压的采样位置为译码器（YMQ）端 41、42。

工程施工中，采集配线点通常选择在相应轨道组合侧面端子上。

采样路径：室外电缆→防雷分线盘接线端子→译码器组合侧面端子→CSM 采集器。

在组合架上安装采集器，每个采集器可以采集一个轨道电路的峰值电压、电压波形、波头电压有效值和波尾电压有效值的信号，通过数字总线将采集信息上传到 CSM 站机。

采集器对信号采用高阻隔离加光电隔离的方式进行隔离，在采集器内部使用数字信号处理器对信号进行高速采样、运算；计算信号的峰值电压、有效值电压通过现场总线连接到接口通信分机和站机，进行存储显示等。通过人工命令方式对译码器输入（归入）信号的波形进行调看。高压不对称脉冲轨道电路电压采集电路图如图 4-30 所示。

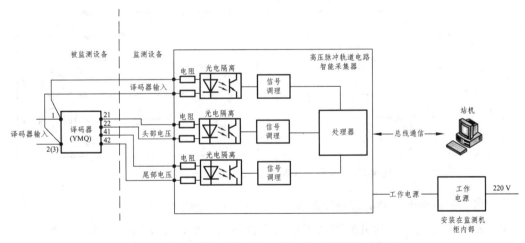

图 4-30 高压不对称脉冲轨道电路电压采集电路图

三、安全隔离防护

轨道电路分线盘上已经接有防雷设备，大部分能量从防雷设备入地，不会对主体设备造成影响。

采集设备内部防护隔离措施同本项目任务三安全隔离分析相关内容。

任务十三　半自动闭塞检测内容及采集原理

一、监测的必要性

CSM 监测系统监测半自动闭塞的发送电压和电流，为电务维修人员提供半自动闭塞电压实时值、历史记录曲线的分析和电流，便于问题分析和故障查找。

二、采集原理

半自动闭塞外线电压、电流监测位置为分线盘至组合侧面之间。电压采样配线点一般选在组合侧面或分线盘端子，电流采集使用穿芯直流电流互感器完成。一个半自闭采集设备可以采集一路正反向电压和一路正/反向电流。

半自动闭塞线路电压的监测点为分线盘闭塞外线接线端子，如图 4-31 所示，X1、X2 为分线盘的端子。

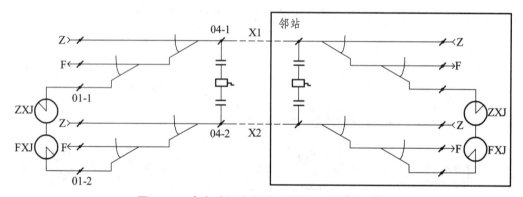

图 4-31　半自动闭塞系统采样位置选取原理图

采样路径：室外电缆→防雷分线盘 X1、X2→集中监测采集点。

半自动闭塞外线电压从分线盘端子引入半自闭电压电流采集器，经隔离模块隔离、运算放大处理后，再进行 A/D 转换、CPU 处理，最后通过现场总线送至监测站机进行显示、存储。

直流电流互感器安装在组合架上，将半自动闭塞 X1 外线穿过直流电流互感器线圈绕一匝，闭塞线路上有 −500 ~ +500 mA 的电流流过时，直流电流互感器模块输出 −2.5 V ~ +2.5 V 的电压信号。每个直流电流互感器采集 1 路信号。直流电流经过互感器转换，输出电压信号，经过模入板隔离转换和光电隔离后采用现场总线方式进入采集板。

三、安全隔离防护

1. 瞬间干扰（雷电、脉冲）防护

闭塞外线已经接有防雷设备，大部分能量从防雷设备入地，不会对监测设备造成影响。

2. 牵引回流侵入防护

当持续信号对闭塞外线进行冲击时，会击毁防雷设备，大部分能量从防雷设备入地，不会对监测设备造成影响。

3. 采集设备内部隔离防护

见本项目任务三安全隔离防护相关内容。

任务十四　站间联系电压监测采集原理

一、监测的必要性

站（场）间联系电路是两站之间重要联锁关系信息传递的通道，它一旦出现问题将影响铁路运输安全。CSM 监测系统对站（场）间联系电路的电压进行实时监测，电压值一旦超限，就会立即给出报警提醒电务人员及时处理。

二、采集原理

对于站联电压采集一般是采集对应相邻站点分界处联系轨的区间轨道电路的 GJ 和 DJ 继电器两端的电压。

采样点设置在分线盘端子或站（场）间联系电路组合侧面端子，如图 4-32 所示。

采集信息经过隔离转换后，采用现场总线方式经过光电隔离模块进入 CSM 站机。

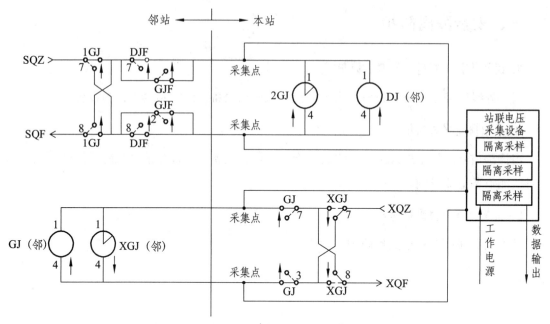

图 4-32 站（场）间联系电压采集原理

三、安全隔离防护

见本项目任务三安全隔离防护相关内容。

任务十五 普速铁路其他检测内容及采集原理

一、交流连续式轨道电路轨道继电器交流电压、直流电压采集

（一）监测的必要性

轨道电路测试是实现预防修的一个重要手段，在集中监测站机上可以很方便地对轨道电路进行在线实时监测，提高轨道电路的维护效率，最大限度地保证行车安全。通过实时监测轨道接收端电压值的变化，反映轨道电路调整状态和分路状态的工作情况。通过对轨道曲线的分析，帮助分析、查找故障，并进行及时处理，防患于未然。

常用的交流连续式轨道电路有 JZXC-480 型轨道电路，采用工频 50 Hz 电源。

（二）采样原理

JZXC-480 型轨道电路的监测内有包括接收端轨道继电器线包两端的交、直流电压。通过实时监测接受端电压值的变化，反映轨道电路调整状态和分路状态的工作情况。

为了不影响轨道电路的正常工作，从轨道继电器端子（交流 7、8 两端，直流 3、2 两端电压，3 为正，2 为负）将轨道电压引入轨道采集机，经过衰耗电阻接入互感器模块，完成信息采集，如图 4-33 所示。CSM 监测系统采集模块选用高阻隔离和电压互感器隔离系列交流电压传感器，这种传感器应用电磁隔离原理制成，隔离性能好，精度高，它把采集到的轨道电压信号转换成数字信息送往站机。

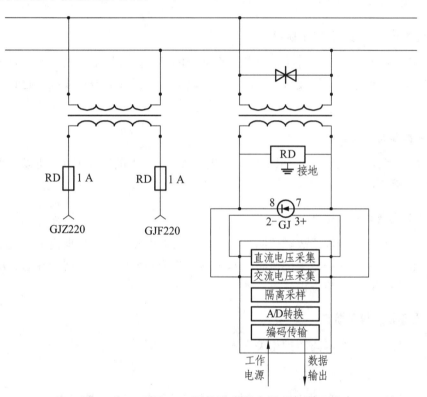

图 4-33　JZXC-480 型轨道电路电压采集原理图

电压采集速率为每秒采集 4 次。

采样路径：室外电缆→分线盘→组合架轨道测试盘侧面端子→CSM 采集设备。

根据轨道继电器的状态，可以实时监测轨道电路的调整电压和分路电压。CSM 监测系统需要监测 GJ 状态，采集 GJ 状态，对于轨道电路是否处于分路不良状态起到关键的判断作用，还能减少由其他系统采集开关量、CSM 监测系统采集模拟量带来的误报警。

JZXC-480 型轨道电器 GJ 开关量采集原理如图 4-34 所示。

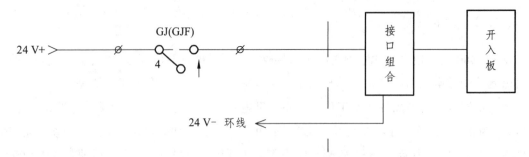

图 4-34　JZXC-480 型轨道电器 GJ 开关量采集原理

（三）安全隔离防护

1. 瞬间干扰（雷电、脉冲）防护

轨道电路分线盘上已经接有防雷设备，大部分能量从防雷设备入地，不会对主体设备造成影响。在有雷击或牵引电流侵入时，防雷分线盘的防雷元件被击穿放电，起到一定的防护作用。

2. 牵引回流侵入防护

JZXC-480 型轨道电器一般应用于非电气化区段，无牵引电流的干扰，所以产生大电流持续干扰的可能性较低。

3. 对于采样线混线的防护

采样外线破皮造成的混线故障监测无法防护，只能由施工单位根据施工工艺标准进行防范。另外，根据 709 号文信号集中监测技术标准，监测系统应与联锁同步开通，混线故障可以通过做一定的联锁试验检查出来。

4. 采集设备内部防护

见本项目任务三安全隔离防护相关内容。

二、JWXC-2.3 型驼峰轨道电路轨道继电器电流采集

（一）监测的必要性

驼峰轨道电路一般选用 JWXC-2.3 型轨道电路，它是电流型轨道电路，用继电器检查轨道占用情况。CSM 监测系统相应选用电流采集互感器监测电流变化情况来反映 JWXC-2.3 型轨道电路的状态。

（二）采样原理

采样路径:室外电缆→防雷分线盘接线端子→电流采集互感器穿芯采集→轨道组合侧面。

电流互感器安装在组合架上，GJ 回线穿芯互感器从轨道组合侧面至分线盘。

电流互感器利用电磁感应原理对轨道电流进行非接触式采集，在采集器内部，使用数字信号处理器对轨道电流信号进行采样、运算，计算电流有效值，通过采集总线连接到采集接口设备并传送到站机进行存储显示等。

（三）安全隔离防护

电流采集采用非接触式电流互感器，采集设备与被监测设备没有任何电气连接，被监测电源线以穿芯方式穿过模块，模块采用电磁隔离方式，采集设备发生断路和短路故障均不会对被监测设备造成不良影响。

三、集中式移频轨道电路采集原理

（一）监测的必要性

客专 ZPW-2000 A/K 移频轨道电路的监测信息通过与 ZPW-2000 A/K 系统维护机的接口获得。通过接口通信，CSM 监测系统可获得 ZPW-2000 A/K 移频轨道电路的发送和接收的电压、电流、载频和低频信息以及维护信息和报警信息。

但是目前既有线路一些上线比较早的 ZPW-2000 系列轨道电路没有配备系统维护机，不具备自我监测的功能，无法实现接口通信，必须安装采集设备采集相关信息。

（二）采集原理

对于不具备接口的 ZPW-2000 A 移频轨道电路设备，CSM 监测系统使用实时采集的方法。用 ZPW-2000 A 移频轨道电路发送电压、电流，采集原理如图 4-35、图 4-36 所示，每个移频发送器需采集发送电压、电流，同时计算出相应的载频、低频、通过编码送至 CSM 站机。

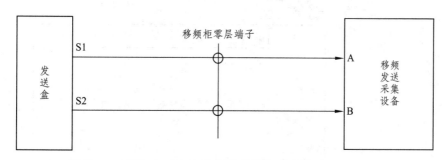

图 4-35　ZPW-2000 A 移频轨道电路发送电压采集原理

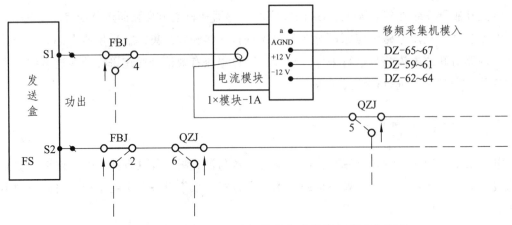

图 4-36　ZPW-2000 A 移频轨道电路发送电流采集原理

在接收端，CSM 监测系统采集轨入、轨出 1、轨出 2、GJ 状态 4 个电压。图 4-37 所示为采集轨出 1、轨出 2 状态的原理图。其他制式的移频只需采集接收端的轨入电压。

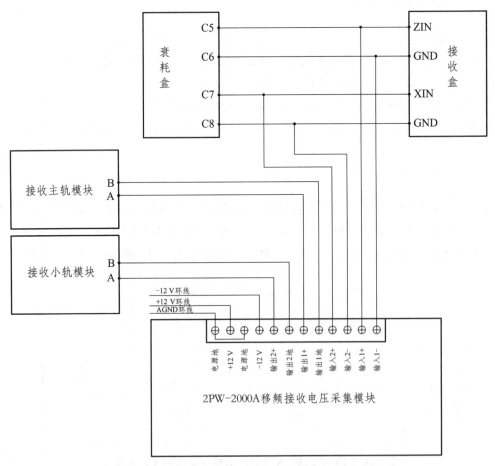

图 4-37　ZPW-2000 A 轨道电路接收采集原理图

　　站内电码化集中式移频发送端的监测通过采集发送器输出端电压、电流实现，电压采集如图 4-38 所示，其中电流采集需使用发送盒至防雷间的输出线改接将采集组合，从内部穿过电流互感器采集后返回防雷架。

　　采样路径：移频发送器→CSM 采集设备。

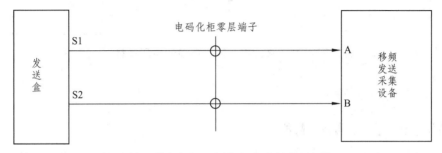

图 4-38　站内电码化集中式移频电压采集

　　移频自动闭塞接收轨入电压采集接收端的电压，位置通常在衰耗器处。采集示意如图 4-39 所示。

　　采样路径：移频衰耗器→CSM 采集设备。

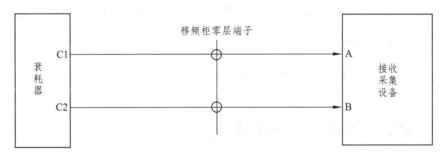

图 4-39　集中式移频自动闭塞接收轨入电压采集

　　集中式无绝缘区间移频信息监测需增加分线盘电缆侧的发送和接收电压采集。移频发送通道电缆侧电压采集示意如图 4-40 所示。

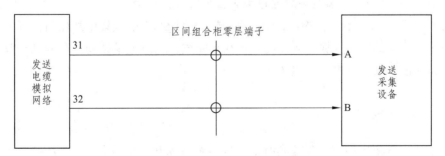

图 4-40　移频发送通道电缆侧电压采集通道

　　移频接收通道电缆侧电压采集示意如图 4-41 所示。

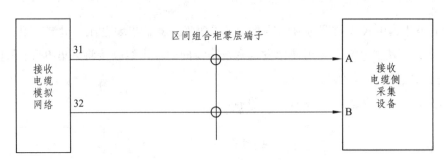

图 4-41　移频接收通道电缆侧电压采集

（三）安全隔离防护

1. 瞬间干扰（雷电、脉冲）防护

ZPW-2000 系列移频轨道室外已安装防雷设备，大部分能量从防雷设备入地，不会对室内主体和监测设备造成影响。

2. 牵引回流侵入防护

当牵引回流高压侵入时，匹配变压器可将其隔离。当部分干扰越过匹配变压器窜至室内电缆防雷模拟网络时，模拟网络防雷也会将剩余能量导入大地，从而保证设备安全。

3. 采集设备内部防护

见本项目任务三安全隔离防护相关内容。

四、站场状态开关量采集原理

（一）监测的必要性

高速铁路的站场开关量信息绝大部分通过计算机联锁、CTC、列控、轨道电路系统的接口采集。特殊的部分 CSM 监测系统通过采集板采集开关量信息。

6502 电气集中联锁不具备接口，CSM 监测系统对 6502 电气集中站控制台有关按钮及行车人员操作等信息的监督依据监测开关量状态来完成，同时记录站场行车信息和值班员的操作信息，为其他监测项目提供采集条件。

（二）采集原理

（1）6502 电气集中站行车作业实时记录进路跟踪的开关量信息，一般从控制台表示灯取样，经整流、滤波及光电隔离后送入开关量输入板。固态光隔模块采用了高阻加光电隔离技术，采集板内部电路与被采样点进行电气隔离，保证开关量采集板不会对被采集系统造成影响。为了防止浪涌电流对采样电路造成的危害，我们对开关量采样电路增加 TVS 管进行防护，增强采样电路可靠性。

开关量采集板采集原理如图 4-42 所示。

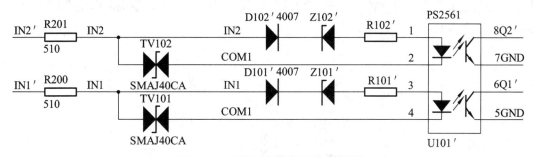

图 4-42　开关量采集板采集原理图

（2）对按钮的监测优先采样按钮继电器的空接点，若无空接点，则从表示灯两端采样，按钮采集原理如图 4-43 所示。人工解锁按钮则直接采样按钮空接点（第 2 组接点，没有第 2 组接点的应更换）。

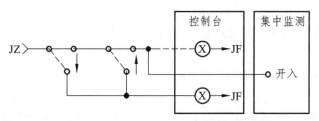

图 4-43　按钮开关量采集板采集原理图

（3）对继电器开关量有空接点的优先采样空接点；少量无空接点的关键继电器需要加复示继电器，如图 4-44 所示。

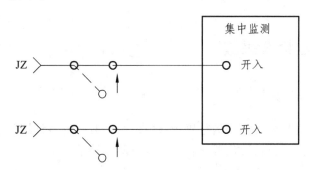

图 4-44　继电器空接点采集原理图

（4）继电器半组空接点的采样。

继电器半组空接点的采样使用开关量采集器，开关量采集器依据电磁感应原理，通过线圈间的磁耦合实现开关量状态的传感。原理如图 4-45 所示，图中 J 是待检测继电器，接点 1-2 被信号设备使用，接点 1-3 为未使用的空接点。由于接点 1 是公共的，因此 1-3 称为半组空接点。传感器的一组感应线圈 L2 接在接点 1-3 之间，另一组线圈接监测电路。监测电路监测线圈 L_1 的电感量及其损耗，L_1 和 L_2 通过磁场耦合。当 1-3 断开时，L_2 上无电流。L_1 为自身的电感和损耗。当 1-3 闭合时，L_2 上产生感应电流，此时 L_1 的损耗增大、电感量减小。这样继电器的状态在电感线圈 L_1 上得到反映。通过检测 L_1 的电感量和损耗，就可得知继电器的状态。开关量采集器隔离性能好，和信号设备只有一点接触，不并接也不串接在设备中，因此对设备的电流和电压无任何影响。

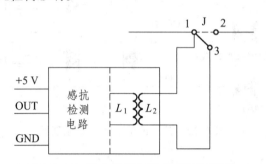

图 4-45　继电器半组接点采集原理图

（三）安全隔离防护

（1）开关量采集使用半组空接点或者空接点时，即使发生短路、开路故障，也不会对设备产生任何影响。

（2）开关量采集板采用光电隔离和高阻隔离的原理，发生开路故障的概率远远大于发生短路故障的概率。

（3）开关量采集采用采集控制台表示灯方式时，若采样线短路，则造成相关表示灯故障，虽不影响连锁关系，但影响值班员的判断和操作。

（4）对于无空接点的继电器应增设复示继电器以供采集，即使发生短路、开路故障，不会对电路造成任何影响。

五、熔丝断丝报警采集

（一）监测的必要性

熔丝断丝报警采集是为了监测信号机械室内各组合架上的各种熔丝报警情况，通过 CSM 系统的监测及时将熔丝断丝报警位置信息传送到监测终端上显示。

（二）采集原理

电气集中站机械室的熔丝绝大部分都安装了多功能熔丝单元，而且大多配套加装了报警设备，所以微机监测系统没有必要对每个熔丝的状态进行监测，可根据具体情况采取下列两种方式：

（1）系统只监督控制台总熔丝报警状态，实时记录总熔丝报警和恢复时间，并通过主机屏幕显示和报警通知值班人员处理。

（2）系统采集机械室排架熔丝报警条件，实时判别记录故障熔丝的排架位置，并通知值班人员处理。

通常采用第二种方式，从机械室既有熔丝报警电路排架灯处获取表示灯条件实时判别记录熔丝断丝的排架位置，并通知值班人员处理。电路示意图如图 4-46 所示。

图 4-46（a）中接法是共报警负，图 4-46（b）中的接法是共报警正。熔丝报警电源一般有直流 12 V、24 V、50 V 三种，根据报警电源的大小，需要选择不同的开入板输入参数。开入板输入端稳压管和限流电阻与熔丝报警电源大小的对应关系如下：

- 报警电源 DC 24 V 时，稳压管为 12 V，限流电阻为 6.8 kΩ；
- 报警电源 DC 12 V 时，稳压管为 6.2 V，限流电阻为 3.3 kΩ；
- 报警电源 DC 50 V 时，稳压管为 12 V，限流电阻为 36 kΩ。

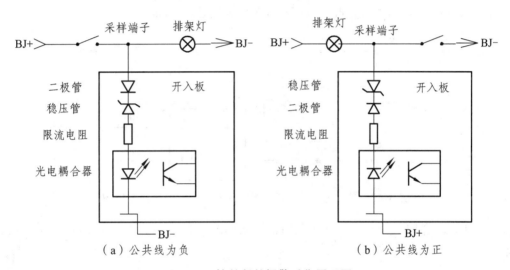

（a）公共线为负　　　　　　（b）公共线为正

图 4-46　熔丝断丝报警采集原理图

（三）安全隔离防护

熔丝报警采集使用开关量采集板，开关量采集板采用光电隔离和高阻隔离的原理，发生开路故障的概率远远大于发生短路故障的概率。

六、道岔 SJ 第 8 组接点封连报警采集原理

（一）监测的必要性

回顾历史上的铁路信号事故，那些封连道岔 SJ 第 8 组接点的教训历历在目。在进路锁闭的情况下，锁闭继电器 SJ 落下，进路上的相关道岔被锁闭在相应的位置，不能再动作。若违章封连道岔 SJ 第 8 组接点，造成 1DQJ 励磁电路甩开 SJ 联锁条件，构成道岔在锁闭的

状态下和有车占用的情况下存在被错误操纵的可能，这是非常危险的。CSM 监测系统必须及时发现这种破坏联锁条件的违章行为，及时报警，提醒电务系统人员立即做出处理，保证行车安全。

（二）采集原理

目前按车站联锁种类分为计算机联锁和 6502 电气集中联锁两种。计算机联锁车站通过联锁软件保证道岔在锁闭情况下无法误动道岔。CSM 监测系统只对和 6502 电气集中联锁站 SJ 接点封连报警实施监控。

6502 电气集中联锁车站 SJ 接点封连报警监控，对 SJ 第 8 组接点封连动态报警，封连即报警，防止破坏升级。

（1）单动道岔 SJ 第 7 组接点未占用时的采集如图 4-47 所示。

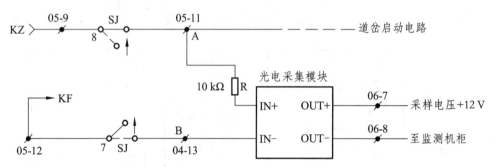

图 4-47　单动道岔 SJ 第 7 组接点未占用时的采集原理图

（2）单动道岔 SJ 第 7 组接点被占用时的采集如图 4-48 所示。此方式需增加 SJ 的复示继电器。

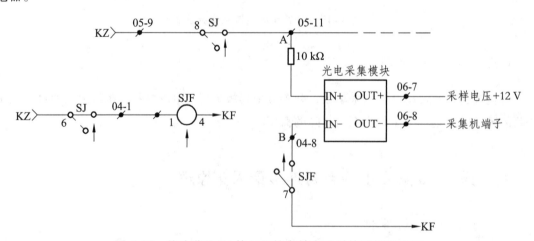

图 4-48　单动道岔 SJ 第 7 组接点被占用时的采集原理图

（3）双动道岔 SJ 第 7 组接点未占用时的采集如图 4-49 所示。

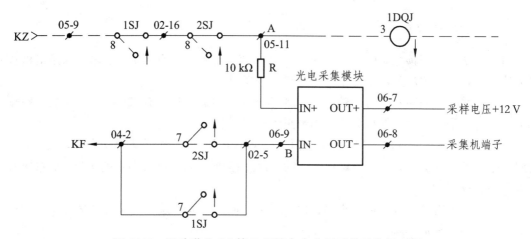

图 4-49　双动道岔 SJ 第 7 组接点未占用时的采集原理图

（4）双动道岔 SJ 第 7 组接点被占用时的采集如图 4-50 所示。此方式同样需增加 SJ 的复示继电器。

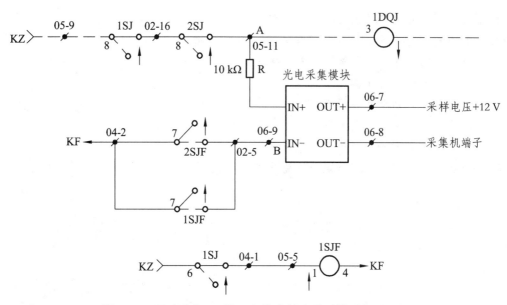

图 4-50　双动道岔 SJ 第 7 组接点被占用时的采集原理图

按照这四种情况，我们以图 4-47 为例详细说明采集原理。

道岔锁闭后，道岔 SJ↓，当出现故障或恶意封连情况时，电路中 A 点 05-11 端子有 KZ 电源（无论什么原因），同时由于 SJ 落下，第 7 组后接点闭合，B 点 06-9 端子有 KF 电源存在，监控设备光电采集模块的输入端构成回路，输出端就有信息输出至采集机，采集机监测到该信号后，系统立即报出道岔应该锁闭而"非法未锁闭"的报警信息。

光电采集模块采集到报警开关，延时 1 s 后送到 CSM 站机。站机核对道岔在此前 5 s 内没有动作，非进路按钮没有按下，同时 SJ 报警开关量持续时间超过 30 s 就会报警。

（三）安全隔离防护

（1）道岔处于解锁状态时，SJ 吸起，A 点有 KZ 电源，B 点无 KF 电源，采集电路输入端无法接通，采集模块无输出，不会影响道岔正常动作。

（2）道岔处于锁闭状态时，SJ 落下，A 点无 KZ 电源，B 点有 KF 电源，采集电路输入端无法接通，采集模块无输出，不会影响道岔正常动作。

（3）光电采集模块的输入回路上设置了 10 kΩ 的高阻，在光电采集模块内部设置了 12 kΩ 高阻，保证在监测系统能正确采集到 SJ 接点封连的同时，采样电流小到毫安级别，对原有道岔电路不构成影响。

（4）即使光电采集模块内部短路，由于设置了高阻隔离，短路电流依然是毫安级的，对原有道岔电路不构成影响。

复习思考题

1. 铁路信号集中系统监测的内容有哪些？
2. 简述外电网综合质量监测采集原理。
3. 简述 25 Hz 相敏轨道电路监测采集原理。
4. 简述提速道岔监测采集原理。
5. 简述道岔电压监测采集原理。
6. 简述电缆绝缘监测采集原理。
7. 简述电源对地漏泄电流监测采集原理。
8. 简述列车信号机点灯回路电流监测采集原理。

项目五　铁路信号集中监测系统维护与管理

任务一　维护的基本要求

铁路信号集中监测系统在信号系统中主要监测信号设备运用状态和运用信息并进行分析处理，同时根据情况进行决策和报警，提示信号维护人员预防信号设备事故和故障的发生。为了保证集中监测系统处于良好运用状态，电务部门需要加强信号集中监测系统的修、管、用工作，严格执行信号集中监测维护管理办法。各级机构对照部门职责，自觉执行日常维护报警信息处理、测试数据（曲线）的分析项目、周期浏览。部分车站有智能分析功能，分析项目及周期可适当调整。

一、职责分工

维护机构按照 CSM 铁路信号监测系统的层次结构分为铁路局电务处、电务段、现场三级。铁路局电务处及电务段技术科以管理为主，电务段电子设备车间兼顾管理、维护和分析，电务段信息分析中心以分析为主，现场以设备巡视、维护和分析为主。

（一）电务处职责

铁路局电务处信号科和检测所设主管工程师，负责指导全局信号集中监测设备维护管理工作。

（1）掌握全局信号集中监测设备的运用质量，检查指导电务段信号集中监测设备的大修更改及维护管理工作。

（2）协调集中监测设计单位、供应商和相关部门共同做好信号集中监测设备维护工作。

（3）负责审核、上报信号集中监测设备大修、更改计划。

（4）负责检查和指导管内信号集中监测设备工程施工，组织设备更新改造、大修工程施工配合及竣工验收工作。

（5）负责审批增加或移设信号集中监测设备、通道变更和软件修改申请。

（6）负责组织全局信号集中监测设备年度质量鉴定和检查评比工作。

（二）电务段职责

电务段在技术科和电子设备车间设主管工程师，负责指导管内信号集中监测设备维护管理工作。

（1）贯彻上级管理要求，健全和完善段、车间、工区的管理机构和规章制度。

（2）负责组织处理、分析管内信号集中监测设备故障。

（3）负责组织管内信号集中监测设备大修施工，参加信号集中监测设备施工验收和竣工开通。对车间和信号工区日常维护和管理工作进行检查、指导，及时收集并整理设备存在的问题。

（4）负责管内信号集中监测设备的鉴定工作，提报信息设备大修、更改建议计划。

（三）信息分析中心职责

定期对管内各站集中监测设备的运行状况进行查看，负责受理集中监测设备的一、二级报警信息，及时收集处理结果，定期对查询问题进行分析总结（含典型问题及截图）。

（1）每日查询一次各种设备日报表，数据波动超分析时限或变红色时查询相应设备曲线。具有智能分析功能的系统查看维修建议报告，对报告中提示的异常信息设备要查询相应曲线。

（2）每日查询一次道岔动作曲线和漏泄区段电压曲线。

（3）每周至少查询一次电源、轨道电路、信号灯丝、道岔表示、电码化曲线。

（4）每月查看一次报警信息当月汇总表、电缆绝缘报表、分路残压报表。

（5）每月查看一次轨道电路月趋势曲线，分析和跟踪分路残压报表。

（6）遇有军专特运和重点列车，提前进行相关站相关进路浏览查询。

（四）电子设备车间职责

（1）检查指导工区对集中监测设备一、二、三级报警的查找和处理。

（2）负责管内集中监测设备的维修、大修及软件维护等工作。

（3）抽查现场车间和信号工区集中监测设备的使用和管理。

（4）对电子设备车间发现的车站电气特性变化幅度较大或上、下限报警等问题应及时记载，并与工区沟通，督促或协助工区查找、调整并克服。

（5）按周期对管内各站设备电气特性进行测试。

（6）按周期查询网管信息。

（7）负责故障设备的修复及器材监测和更换工作，指导信号工区处理集中监测设备故障。

（8）每月对管内集中监测设备进行一次检修维护，检查杀毒软件、病毒库版本信息。

（9）每年使用高精度万用表对管内各站集中监测的数据进行一次校核，对误差超标的数据进行调整；更换传感器件后，要重新校核监测数据。

（五）信号车间职责

（1）每日查询一次各种设备日报表，数据波动超分析时限时查询相应设备曲线。具有智能分析功能的系统查看维修建议报告，对报告中提示的异常信息设备要查询相应曲线。

（2）每日查询一次所有道岔动作曲线和漏泄区段电压曲线。

（3）每日查询一次报警信息。

（4）每月查询一次电缆绝缘报表，分路残压报表。

（5）每月查询一次轨道月趋势曲线，分析和跟踪分路残压变化。

（6）掌握管内各站集中监测系统的一、二级报警信息，督促处理，并追踪处理结果。

（六）信号工区职责

（1）检查站机及监测设备工作是否正常。

（2）观察采集机各种指示灯表示是否正常。

（3）检查有无设备报警信息。

（4）按周期查询各种设备实时值和日报表、所有设备曲线、各种设备报警信息。

（5）进行电缆全程绝缘测试时，注意断开电缆中的防雷元件地线，一、四季度每月测试一次，二、三季度每周测试一次，当绝缘电阻阻值发生 30% 的变化时要进行分析查找。

（6）每月将转辙机动作、锁闭电流测试曲线数据与控制台表头测试数据相比较，误差超标时报电子设备车间调整。

二、日常维护注意事项

铁路信号集中监测设备日常维护，日常巡检、保养通常与信号设备同步进行，检修实行故障修。日常维护主要注意事项如下。

（一）UPS 电源

UPS 电源是保证整个 CSM 监测系统能够连续工作的基础部分，要保证 UPS 电池能正常工作，需要定期充放电，充放电周期和方法参照 UPS 说明书，CSM 监测系统 UPS 电源一般选择每季一次充放电。

（二）测试精度校核

采集设备都是电子设备，运行一段时间后会出现一定的误差，造成测试的不准确性，按照多年经验，测试精度每一项数据每年和更换 CSM 信号集中监测设备都有要求校核。

（三）信息核对

站场和信息界面包含轨道电路、道岔、信号机、表示灯等各种状态信息，在施工、部分更换配线后，采集的静态和动态数据需要核对，确保监测的真实性、有效性和准确性。

（四）门限设置

CSM 监测系统测试标准的依据是《铁路信号维护规则》（技术标准），一般要求要高于这个标准。例如 25 Hz 相敏轨道电路，《铁路信号维护规则》标准为最低值不小于 18 V，若某个区段调整状态为 22 V，则将下限设成 20 V，当该区段电压波动超限时会给出报警提示。

（五）CSM 监测完整性

铁路信号系统维修的改进必然以 CSM 监测系统作为主要依据，这就要保证 CSM 监测系统完整性。

信号设备大修、变更时，CSM 信号集中监测设备需要同步进行修改。例如，因提速需要道岔改为提速道岔，又如轨道电路改多特征轨道电路解决分路不良的问题等情况都要纳入 CSM 信号集中监测系统进行监测。

三、网络安全注意事项

铁路信号系统计算机设备安全等级要求很严格，普遍采用 SIA4 级，CSM 集中监测系统的病毒防范始终是重点，各级电务部门必须注意的事项：

（1）禁止在各级终端上运行与监测工作无关的软件。

（2）定期由专人升级防病毒软件及病毒库，每次升级后及时查看版本信息。

（3）采取物理方式及软件手段封闭不必要的 USB 口、光驱、软驱。

（4）工程调试人员和技术分析人员在系统中使用移动存储设备时，必须查杀病毒后才能使用。没有授权的人员严禁在系统上使用移动存储设备

（5）更换主机要同步安装系统补丁和防病毒软件，并升级病毒库。

任务二　信号集中监测系统技术管理细则

一、铁路局电务处应建立技术资料

（1）按线或段分站统计设备台账（主要内容包括系统型号、厂家、设备组成、建设年、大修年、联网等情况）。

（2）集中监测网络拓扑图。

（3）集中监测 IP 地址表。

（4）硬件及软件安装使用手册和维护手册。

（5）软件台账（软件版本、数据配置文件）。

（6）密码台账。

（7）集中监测竣工图。

（8）系统维护工具软件（包括修改数据的方法说明）。

（9）故障处理流程图。

（10）设备质量鉴定资料，原始验收记录资料。

（11）模拟量电气特性上、下限及预警限台账。

（12）备品备件台账。

（13）工具、仪器、仪表台账。

（14）软件台账（软件版本、数据配置文件）。

二、设备管理

（1）电务段应每年进行一次集中监测模拟量测量精度校核和开关量状态、显示状态核对，并建立核对记录。更换模拟量采集器材时应对所涉及模拟量测量精度进行校核。

（2）集中监测应从 TDCS/CTC 获取时钟信息，并具备自动校时功能。自动校时功能失效时应由人工进行校时。

（3）监测厂家负责集中监测软件的终身维护，铁路局和电务段核心服务器、路由器、交换机、采集分机和通信分机等设备可实行委托修，其他硬件实行故障修。

（4）返厂修的集中监测设备或器材修理时间不得超过 30 天，因特殊情况超过规定期限时，监测厂家应提供相应的备品，返厂修后的设备或器材应保修 6 个月。

（5）集中监测网络是一个独立封闭运行的网络，不得擅自扩展集中监测网络、加设终端和安装无关软件。

（6）备品、备件及仪器仪表管理：

- 备品备件应按使用数量的 10% 配备；中心机房关键器材应考虑备用。
- 每个工区应配置专用工具，严禁将故障更换后的器材和备用器材混放。
- 备品备件及仪器仪表应定期进行养护，保证完好。

（7）通信与信号维护分界：

- 采用光纤通道时以集中监测机柜 ODF 架上通信尾纤活动连接器或在信号机房内独立设置的通信尾纤活动连接器为分界点，其活动连接器属通信部门。信号机房至通信机房的光缆（含尾纤）由通信段负责维护；通信尾纤活动连接器至监测的 ODF 架及跳纤等设备由电务段负责维护。

- 采用 2 M 电路时以集中监测机柜 DDF 架上通信接线端子或在信号机房内独立设置的通信 DDF 架接线端子为分界点，通信接线端子（含）至通信系统间 2 M 跳线由通信段负责维护。通信接线端子至监测间 DDF 及跳线等设备由电务段负责维护。

三、运用管理

（1）电务段应在道岔调整状态符合标准的情况下，设置每台转辙机的集中监测参考曲线。

（2）电缆对地绝缘电阻和电源漏电流测试工作应在天窗点内进行。

（3）集中监测一、二级报警信息及相关数据应在电务段中心服务器自动保存 1 年。

（4）信号设备故障时的集中监测数据应保存 5 年，并做好故障现象说明。

（5）车站站机、段调度指挥中心终端应 24 小时不间断开机运行。

（6）集中监测停用的规定：

- 工程施工改造需停用集中监测设备时，施工单位必须提前一周提出书面停用申请，经电务段审核、铁路局电务处审批同意后，方可停用集中监测设备。

- 日常运用维护需停用集中监测设备时，各级维护部门应向铁路局电务处办理停用手续。

- 未按规定办理停用手续，任何单位和个人不得随意将集中监测设备停电、停机或中断通信。

（7）凡集中监测能完成的测试项目，可不再进行人工测试；未纳入监测的测试项目，仍进行人工测试；当集中监测发生故障时应按相关要求进行人工测试。

（8）集中监测应用软件、数据配置文件等修改由监测厂家负责，任何人均不得随意修改源程序和数据库结构信息，以及配置文件。

（9）集中监测软件、数据配置文件变更按规定进行。

（10）集中监测软件变更等级分三类。

（11）集中监测 IP 地址由铁路局电务处统一分配，各电务处、电务段应设专人管理。

（12）增设或变更集中监测 IP 地址程序：

监测厂家应在工程安装、调试前 15 天，填写《IP 地址新增变更申请表》，并附带网络拓扑图向电务处申请新 IP 地址，申请包括工程名称、新增监测终端、站机数量、位置及 IP 地址需求。电务处审查核实后，在 5 个工作日内批复。

四、安全管理

（1）防病毒系统是集中监测的信息安全设施，必须保证其良好运用，每月进行病毒库升级。

（2）严禁在集中监测设备上安装使用无关软件，应专机专用。

（3）集中监测车站设备（含工区终端）不得安装光盘驱动器，USB 接口应予以封闭。

（4）各种数据存储介质和调试用计算机在接入网络前必须经专用计算机查杀病毒，确认无病毒后，方可使用。电务段应配备专用的 U 盘（或移动硬盘）用于集中监测系统有关数据软件的复制，数据、软件的复制只能在集中监测系统维护终端上进行，复制前必须对专用存储介质进行杀毒。

（5）集中监测更换计算机主机、硬盘或重装系统后，应当先杀病毒，再做系统备份，试运行正常后，再投入联网运行。

（6）各级使用人员在发现病毒后应及时清除，同时上报。处理不了时应采取断开网络的措施，防止病毒在网络中蔓延。

（7）集中监测数据是信号设备故障分析、判断的重要依据，各级集中监测设备使用和维护人员有义务对集中监测数据进行保密，不得删除、泄露数据。

（8）铁路局、电务段集中监测中心机房要建立进出登记制度，非工作人员未经批准不得进入机房。

（9）系统维护、故障处理以及软件升级时，应及时备份集中监测数据。

（10）电务段应实行集中监测密码管理，做好每次的密码修改记录。

五、数据分析

（1）集中监测数据（含各种报警、预警信息，下同）反映了信号设备的运用状态，铁路局电务处、电务段应加强数据浏览分析工作。

（2）铁路局电务处、电务段应建立集中监测数据浏览分析制度，定期进行集中监测数据浏览分析，发现信号设备隐患，预防信号设备故障，掌握集中监测运用质量。

（3）铁路局电务处应抽查、调阅、分析管内集中监测数据，将问题及处理结果进行记录（可记录为电子文档，下同）。

（4）电务段应调阅、分析管内集中监测数据，对发现的问题实行闭环管理。

（5）电务段的集中监测数据分析规定：

- 应实行段、车间、工区三级分析制度。
- 对报警信息，必须及时通知相关车间、工区，查明原因并处理。
- 跟踪、监督报警信息和故障处理结果。

（6）具有智能分析功能的集中监测，应按要求处理集中监测分析结果，并及时在系统内记录处理情况。

（7）铁路局电务处、电务段应定期总结集中监测数据分析结果。

任务三　硬件维护方法

微机监测系统由于在现场存在 TJWX-2000、TJWX-2006 和 CSM-hh 三种大的型号，不同型号之间的板卡不完全通用。因此，用户在设备故障维修时必须遵循如下基本原则：

（1）更换、维修设备必须在"天窗"内进行。

（2）更换板卡必须和原待替换板卡型号完全一致。

一、系统的接口维护

（一）接口状态查阅

CSM 监测系统的采集信息通过各类接口和通信总线上传，系统自动检测通信状态，可由电务维护人员每天通过远程调阅或现场查阅系统的通信状态发现通信异常，并及时维护。

（二）接口故障检查

CSM 监测系统与信号设备其他子系统通信中断时，可按如下步骤检查：

（1）电务维护人员发现通信接口状态异常时，可将两头接口电缆取下，通过测量通信芯线通断状态来判断处理。

（2）当监测主机上有多个同类型的接口时，可交换接口连接，查看能否恢复，以判断通信口是否损坏。

（3）处理硬件不能恢复，汇报电务段相应管理部门，电务段联系监测采集处理。

二、采集设备硬件维护

CSM 监测系统采集设备硬件种类多，本教材列举采集机、采集设备、采集电源三个部分介绍硬件维护内容。因各监测供应商设备不完全一致，详细的维护需参见各供应商提供的维护指导书。

（一）采集机

1. 采集机电源（见图 5-1）

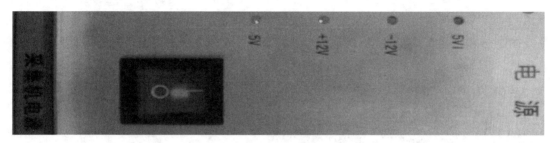

图 5-1

KDYA-103 HH04-2.2 为普通开关电源，KDYA-150 HH04-1.2 为大功率开关电源，较 KDYA-103 HH04-2.2 普通开关电源宽，主要用于提速道岔采集。可通过电源侧面的标签来判断其型号。

1）日常维护

正常情况下，12 V 电源的 5 VI、– 12 V、+12 V、5 V 四个灯均亮灯，面板温度接近室内温度。

如果面板突然变得非常热，可能是该采集机电源故障或将要发生故障的先兆；也可能是该采集机输出电源正负短路造成的，应立即关闭该采集机电源查找原因。

如果采集机电源发生异常，则应更换采集机电源。

【案例 1】

5 VI 或 5 V 灯不亮，则可能存在以下两种情况：

（1）采集机电源故障。此时，使用该电源供电的所有分机（每块采集板均为一个分机）所监测的内容均显示未知，即不能通信。

（2）采集机电源指示灯故障（但电源其他功能工作正常）。此时，使用该电源供电的所有分机（每块采集板均为一个分机）的监测内容均正常，不影响正常使用。

【案例 2】

如果-7.5 V（ – 12 V）、+7.5 V（+12 V）灯不亮，则可能存在以下两种情况：

（1）采集机电源故障。此时，使用该电源供电的采集模块所监测的内容均监测不到。

（2）采集机电源指示灯故障（但电源其他功能工作正常）。此时，使用该电源供电的所有分机（每块采集板均为一个分机）所监测的内容均正常，不影响正常使用。

【案例 3 】

如果采集机电源所有灯均灭灯，则检查采集机电源的供电电源是否正常。若正常，则采集机电源损坏，需更换。若不正常，则根据配线图纸检查配线。

2. CPU 板维护

（1）每块 CPU 板上均有电源和工作两个指示灯。正常工作时，电源灯长亮，工作灯周期闪烁。主、备采集板均受 CPU 板集中控制，若出现所有采集板只亮电源灯而工作灯不正常时，可检查 CPU 是否损坏。如同一层的采集板只有部分工作灯显示工作正常，另一部分工作灯不显示时，需检查 CPU 板的程序是否正确。

（2）CPU 板左下角和右上角各有一组跳线，如图 5 -2 红色圈中所示。

图 5-2　CPU 板跳线

左下角的跳线为一组 4 个，用于设置 CPU 板的 CAN 通信地址。通常 4 个跳线均设为跳上，当用到第二块 CPU 板时，最右边的跳线跳空，表示地址为 1。

右上角的 JP2 跳线用于设置 CAN 总线的终端匹配电阻。当 CAN 通信不畅时，可取下或接上此跳线再观察通信情况。

（二）采集设备硬件维护

1. 采集器维护

检查采集器好坏最基本的方法是将其与相邻的采集器交换，这样可以排除底座配线出错的原因，锁定是否为设备本身的问题。需要注意的是，程序显示的采集信息只与设备地址有关。交换采集器时，如不变更设备的 RS 485 地址，那么在程序显示界面上，采集器采集的数值将与交换采集器的数值对换。

例如，地址为 1 的采集器采集的是 1#道岔曲线，地址为 2 的采集器采集 3#道岔曲线，当地址为 1 的采集器与地址为 2 的采集器交换时，1#道岔的曲线通过地址为 2 的采集器采集，那么在原 3#道岔的程序显示曲线栏中看到的结果实际是 1#道岔的曲线。

采集器的工作电源对采集数值也有较大影响，采集器的标准工作电源为直流 12 V，正常工作偏差不得超过 1 V。当采集器的工作电源低于 11 V 时，采集数值将出现偏差和不稳定的情况。

2. 开关量采集模块维护

开关量采集模块用于采集道岔 1DQJ 或 1DQJF 的状态，采集原理如图 5-3 所示。

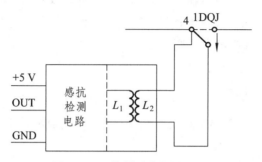

图 5-3　开关量采集原理图。

开关量采集模块内部端子 L_2 是一个感应线圈，当道岔没有动作时 1DQJ↓，L_2 通过 1DQJ 的接点构成一个闭合回路，此时 OUT 输出 5 V 电压至道岔电流或道岔功率采集单元。

开关量采集模块的好坏判断方式：在模块 OUT 和 GND 端子正常接 5 V 直流电源时，将 L_2 端子外线取下，再分别短接和断开 L_2，测量 OUT 对 GND 之间的 5 V 电压有无相应变化情况来判断模块的好坏。正常情况下，断开 L_2 时，OUT 对 GND 之间没有 5 V 电压；短接 L_2 时，OUT 对 GND 之间有 5 V 电压。

3. 交流转辙机道岔动作电流互感器维护

道岔动作电流互感器为有源模块，采集三相交流转辙机电流单元信息以计算功率信息。安装在道岔组合内部。

道岔电流互感器模块由上下两部分组成，上部为封闭线圈的互感器部分，用于穿芯采集道岔电流采集，下部为模块供电和模块输出放大底座。上部的电流互感器为简单的感应线圈，一般不会损坏，下部的是电子元件易损坏。发生损坏只要更换故障元件即可，更换方法是将互感器模块与底座连接的螺丝拧开更换。

判断电流互感器的好坏通过测量底座输出端子电压来判断。当电流互感器模块正常供电并与采集单元连接良好时，电流 A、B、C 三相输出端子对 12 V 与 GND 间应有 12 V 左右的直流电压，如果测量不到此电压，说明底座损坏。

4. 绝缘测试表维护

CSM 监测系统绝缘测试表平时不工作，当需要测试绝缘时，用户通过站机测试界面，测试需要了解的设备，开始测试时，绝缘测试继电器吸起，将 220 V 交流电源接入绝缘测试表，此时绝缘表数码管开始闪烁，同时输出 500 V 直流电压。绝缘表数码管上显示的数值即为实际测得的绝缘数值，并将绝缘测试数值输出到综合采集层。当绝缘测试不准时，需要查找原因。

绝缘数码管总共有 4 位数值显示，中间为小数点。最大显示数值为 20 MΩ。

当数码管显示的数值为 4 个闪烁的 0 时，表示测得的绝缘数值大于 20 MΩ。当数码管显示为 4 个稳定的 0 时，表示测得绝缘数值为 0。

如果绝缘测试表有 220 V 电压输入但数码管不闪烁，或在输出配线正确及绝缘配置文件系数为 1 的情况下，绝缘测试表数码管显示有具体数值，而监测绝缘测试数值显示始终大于 20 MΩ，则可基本判断绝缘测试表损坏。

（三）采集电源维护

CSM 站机监测机柜向外输出多种直流和交流电源，向监测采集设备和模块供电，具体有以下几种：

1. 12 V 大功率电源

12 V 大功率电源用于给采集器提供工作直流电源，由机柜底部的 12 V 电源输出，分为 +12 V 和 −12 V 两种电源，对应有两个工作表示灯。其中 +12 V 为各采集器工作电源，−12 V 目前只有采集移频接收的阻抗匹配器使用。

当电源输出线短路时，12 V 电源自我保护停止输出，对应的电源灯灭灯。当甩开外线去除短路因素时，电源将恢复输出。通常在 12 V 电源输出端加装熔丝，当发现 12 V 电源灯正常，而采集器电源回路测不到 12 V 电压时，需检查是否因线路短路，造成输出熔丝熔断。

正常 12 V 电源应保持不低于 12 V 的输出电压，以确保实际送到模块上的工作电压在 11 V 以上。

当模块数量过多，导致电源在线路上衰耗过大，实际加载到采集器上的电压不足时，可将大功率电源前面板的 4 个螺丝卸下，调节内部电源的输出电压值。这种方式只有在其他方法都无法解决时才可使用，并且调节时必须小心微调。

2. 采集机电源

采集机电源主要用于给机柜内采集层的采集板和 CPU 板以及对应传感器供电，包括综合 24 V、综合 12 V、5 V 三种。

综合 24 V 主要用于绝缘测试继电器吸起的驱动电源，部分用于环境监测报警采集，正常输出应保持在 24 ~ 25 V。

综合 12 V 主要用于灯丝漏流测试单元的测试电源，也用于环境监测的温湿度采集，正常输出应在 12 ~ 13 V。

5 V 电源用于采集板供电。5 V 用于 CAN 通信供电，两种电源正常均应在 5 ~ 5.3 V，过低将影响 CPU 板工作及 CAN 通信。

当电源输出外线短路或电源无输出时，对应的电源灯会灭灯，可根据电源灯状况来判别对应的电源是否存在问题。

3. 其他采集机电源

其他采集电源包含 7.5 V 电源和 12 V 电源，用于给采集机柜内的智能采集板供电。正常情况下，7.5 V 电源的 5 VI、– 7.5 V、+7.5 V、5 V 四个灯均亮灯，面板微热。12 V 电源的 5 VI、– 12 V、+12 V、5 V 四个灯均亮灯，面板温度接近室内温度。

如果面板突然变得非常热，可能是该电源故障或即将故障的先兆，也可能是该采集机输出电源正负短路，应立即关闭该采集机电源查找原因。

如果采集机电源发生异常，则应更换采集机电源。

各种电源灯不亮，则可能存在以下两种情况：

（1）采集机电源故障时，使用该电源供电的所有采集机所监测的内容均显示未知，即无法通信。

（2）采集机电源指示灯故障（实际电源工作正常）时，由该电源供电的所有采集机监测的内容均正常，不影响正常使用。

如果采集机电源所有灯均灭灯，需检查采集机电源的供电电源是否正常。若正常，则采集机电源坏；若不正常，则根据配线图纸检查配线。

三、CSM 系统站机维护

CSM 监测系统站机是监测信息显示和处理的人机界面终端，由一台配置各类接口卡的工业控制计算机、键盘、鼠标和一个显示器组成。

（一）工控机维护

每天的浏览都要通过工控机的人机界面来完成，日常浏览首要关注 Windows 系统的运行状态。站机界面长期处于停滞状态时，需要考虑是 CSM 程序软件停滞还是系统死机。可通过检查鼠标和键盘是否能正常操作进一步确定。

检查鼠标键盘线正常连接后，移动鼠标看鼠标光标能否正常移动，或按压键盘上的 Caps Lock 按钮检查对应的大写锁定灯是否能点亮和灭灯。

当以上反应正常时，可判断是 CSM 程序然间停滞，此时可同时按压"Ctrl+Alt+Delete"组合键，选择注销系统以重启监测程序。

当键盘鼠标无反应时，可判断是系统死机。此时需使用工控机上的红色热启动键重启系统。当工控机重启无法正常进入 Windows 系统时，可判断设备损坏，需返修。

系统电源停电超过 5 min，要及时将微机及采集机设备关掉。恢复供电后，应先打开显示器开关，再打开工控机电源及网络设备等。

工控机前面的空气过滤网每月至少用清水清洗一次，晾干后方可重新安装，如图 5-4 所示。

按照《信号维护规则技术标准》的要求，定期检查微机监测系统的设备安全地线、通道防雷地线。

图 5-4　开关量采集原理图

（二）接口卡维护

CSM 监测系统站机主机上的接口卡包括 CAN 卡、串口通信卡及网卡。

1. CAN 卡

当 CSM 监测系统站机中所有与 CAN 总线相关的通信均不通时，应检查 CAN 卡是否损坏。

检查方法：将各对接 CAN 总线设备的通信线逐个断开，看通信是否恢复，以判断是否是某一个 CAN 接口设备影响了整个通信。然后将各 CAN 总线设备单独与 CSM 主机 CAN 卡连接，检查通信是否连通。如果通信始终不通，在确认连接线和配置文件都正常的情况下，可判断是 CAN 卡损坏。

CAN 卡正常工作时，板卡的工作灯稳定点亮。CAN 卡上的直拨开关用于设置 CAN 卡的端口地址，通常默认为出厂设置。CAN 卡上通常有 4 组跳线，用于设置 CAN 卡中断地址，可根据需要分别设置成 10、11、12、15，使用哪个地址就将对应跳线短路。

CAN 卡使用 DB9 串口 9 针头对接外部的 CAN 总线，其中 9 针头上端子 7 为 CANH，端子 2 为 CANL。

2. 串口通信卡

常用的串口通信卡为带 RS422 和 RS485 接口的多串口卡。4 串口卡左上角的 2 组指拨开关分别设置 4 个串口的工作方式和串口类型。通常右边一组设置在 AUTO 状态，左边一组的 4 个开关用于设置对应端口是使用 RS422 还是 RS485 通信方式。

检查串口卡好坏时，可将两个端口设置成相同的通信方式，然后使用对应的串口线将两个串口对连起来，使用串口调试助手工具，手动在两个端口间发送和接收一段数据，检查接收数据与发送内容是否一致。如果收不到数据或数据不正确，则表示串口卡损坏。

3. 网　卡

网卡的好坏判断相对简单，在确认网线和交换机均连接正确且工作正常时，在 CSM 监测系统运行的情况下，若网口上的收发灯不亮，或"ping"不通其他局域网地址，应检查网卡是否损坏。

（三）显示器维护

显示器的日常维护工作就是保养、清洁。不要用粗糙的抹布擦显示器的液晶屏（可以选用柔软、半干的麻布或优质柔软的纸质物品），这样容易损伤屏幕：不要用手触摸液晶屏，液晶面板表面有专门的涂层，该涂层可以防止反光，提升观看效果，而手上的腐蚀性油脂会轻微腐蚀面板的涂层，日积月累会造成面板永久性损坏。更换显示器时，禁止带电插拔数据线，容易损伤显示器主板。液晶显示器在使用中应注意不要击打或者使用硬物点击液晶屏，这往往是造成屏幕损坏的主要原因。

平时不用时可以关闭显示器电源，延长其使用寿命。

（四）UPS 电源维护

不间断电源（UPS）专门用来防止计算机和其他重要电子设备受到断电、电压变低、突降和电涌的影响。UPS 能过滤掉电压脉冲，并且在大的电压干扰发生时自动断开市电，避免损坏设备。此时，UPS 用内部的电池提供不间断电源，直到市电恢复正常为止。

集中监测用的 APC 公司的 UPS 电源安全可靠，灵敏度高。其前面板和后面板的示意图如图 5-5 所示，操作方式及表示灯含义如下。

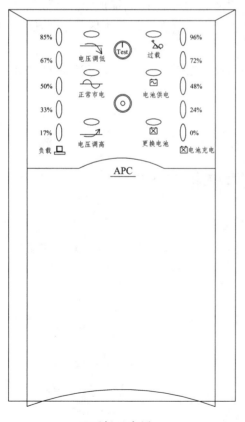
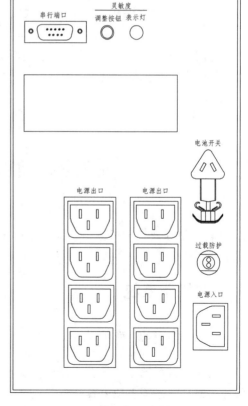

正面板示意图　　　　　　背面板示意图

图 5-5　UPS 面板示意图

（1）测试/开机（Test）按钮：按下按钮，然后松开，使 UPS 和连接的设备上电。这时设备立刻获得电力，同时 UPS 执行自检。

（2）关机按钮：按下标有 O 的按钮，然后松开，就可切断 UPS 和连接的设备的电源。

（3）注意：只要将 UPS 与市电相连且市电有电，充电器就会保持电池充电。

（4）前面板左边的 5 个发光二极管表示连接设备（负载）使用负荷的比例。

（5）前面板右边的 5 个发光二极管表示 UPS 电池当前的容量占电池总容量的百分数。

（6）市电在线灯表示 UPS 向连接的设备提供市电。

（7）电压调低灯表示 UPS 正在调低过高的市电电压。

（8）电压调高灯表示 UPS 正在调高过低的市电电压。

（9）电池供电灯表示市电失效时，UPS 可以在一段时间内由其内部电池向连接的设备供电。由电池供电时，UPS 每隔 30 s 发出 4 声"哔"声的警报。当 UPS 返回市电在线供电时，警报停止。

（10）过载灯表示连接的设备超过"最大负载"，UPS 发出持续的警报声且此灯发亮。直到过载负荷消除，警报声才结束。

（11）更换电池灯。如果电池未通过自检，则 UPS 发出短的"哔"声持续 1 min，同时更换电池灯发亮。如果更换电池灯闪动，说明电池未接通。

UPS 电源每 2~3 个月应检测、放电一次，以防止 UPS 中的免维护电池极板氧化。UPS 的检测放电、安装和拆除作业由电务段试验室主管人员负责。信号工区只负责维护，故障报修。

当外电网停电超过 10 min 时，要求关断监测设备电源，以免造成 UPS 过度放电。UPS 过度放电得导致无法正常充放电。

任务四　软件维护方法

CSM 软件操作及维护可分为三级：站机子系统、中心服务器子系统、终端子系统。

一、站机子系统

（一）软件常规维护内容

（1）定期查看系统工作日志，包括系统自身工作状态、接口工作状态、采集设备工作状态、服务器通信状态等多项内容。

（2）定期查看系统报警，及时分析查找潜在的问题并处理。

（3）定期检查车站硬件设备是否正常。

（4）定期检查网络设备，保证站机能够与中心服务器正常通信。

（5）定期杀毒，保证车站系统健康运行。

（二）常见问题及解决方法

1. 车站采集接口中断

故障原因：站机子系统与接口系统间通信线松脱。

解决方法：将接口线取下，重新连接。

2. 车站从某个接口采集过来的数据显示错误

故障原因：对应接口修改配置或者升级程序，CSM 站机软件未同步升级。

解决方法：联系供应商，进行相关升级。

3. 车站采集设备故障

故障原因 1：采集设备故障。

解决办法 1：更换采集设备。

故障原因 2：采集设备接触不良。

解决办法 2：将采集设备取下，重新安上。

4. 车站与服务器通信中断

故障原因：网络中断。

解决办法：查看网络设备是否故障，及时维护。

5. 车站数据显示不正常

故障原因：车站改造后，配置文件需要改动。

解决办法：按照配置要求进行修改，或者联系厂家进行修改。

6. 车站采集信息错误

故障原因：某个采集信息有问题，可能是采集板或采集线故障。

处理方法：查看采集板的显示灯，可以判断故障出在哪一块采集板或哪一根采集线，更换相应的采集板或采集线。

7. 站机程序死机

故障原因：可能是软件未知 BUG 原因或硬件故障。

处理方法：重新启动程序或者计算机，如果依然死机，说明操作系统或者硬件出现问题，建议更换计算机硬件；如果成功启动，说明软件可能有故障，需要与供应商联系解决。

8. 站机无法启动

故障原因：硬件有问题。

处理方法：建议更换计算机，或与供货商联系解决。

9. 显示器黑屏

故障原因：显示器故障或显示器信号线脱落，或者是显卡、电源故障。

处理方法：确认具体故障后更换显示器或重新连接信号线，更换显卡或修复电源。

10. 鼠标和键盘失效

故障原因：可能是操作系统故障或鼠标与键盘的连线脱落。

处理方法：重新启动计算机或检查鼠标与键盘的连线。

二、中心服务子系统

中心服务子系统包括通信前置机、应用服务器、数据库服务器、网管服务器、防病毒服务器、时钟服务器等。中心服务器子系统一般不需要用户进行操作，下面介绍各系统的日常维护内容和常见故障的处理方法。

（一）日常维护内容

（1）保证网络通信正常，保证网卡工作状态正常。

（2）采用双网技术，当网络出现故障时，需要及时修复。

（3）采用双机冗余结构，单台出现故障后，需及时修复。

（4）定期查看硬盘大小，如发现硬盘故障时，需及时返修。

（5）防病毒服务器需定期升级病毒库，保证整个系统的杀毒软件及时升级。

（6）防病毒服务器需定期查看病毒扫描日志，对于特殊事件，需及时向厂家咨询。

（二）中心服务器子系统常见问题及解决方法

1. 某服务器子系统与其他系统连接中断

故障原因：网络故障。

解决方法：查看中心局域网内故障。

2. 某服务器子系统机器死机或者频繁重启

故障原因1：病毒问题。

解决办法1：及时杀毒解决。

故障原因2：操作系统异常。

解决办法2：重装操作系统解决。

故障原因3：硬件问题。

解决办法3：更换硬件，或者返修。

3. 某服务器子系统软件报错，不能自恢复

故障原因：系统内存在非法数据。

解决办法：将日志返还给厂家，由厂家及时解决。

4. 数据库服务器提示硬盘满报警

故障原因：硬盘空间不足。

解决办法：清理数据或增加硬盘。

三、终端子系统

（一）常规维护

终端子系统的稳定运行，必须保证运行环境安全及网络通道正常。

（1）定期进行杀毒。

（2）定期检查网络设备，保证网络正常工作。

（二）常见问题及解决办法

1. 终端程序无法打开，或者有报错提示

故障原因：可能是软件版本较低，或者是软件环境被破坏。

解决办法：可以重新升级软件，进行恢复。

2. 终端选站操作框中，找不到所要查询的车站信息

故障原因：终端对该车站没有调阅的权限。

解决办法：修改配置，增加权限。

3. 终端无法调阅实时值、日报表、日曲线等信息

故障原因：终端与车站间通信有问题。

解决办法：查看网络通道是否正常，查看车站子系统是否运行正常，查看服务器是否运行正常。

4. 终端执行回放时，从服务器取不到相应数据

故障原因：车站未能将信息传送到服务器中。

解决办法：终端改为执行从站机进行回放。

5. 终端显示的信息与车站显示的信息不一致

故障原因：车站配置及数据与终端配置及数据不一致。

解决办法：将车站配置和数据重新导出一份至服务器。

6. 终端不能语音报警

故障原因：未设置语音报警功能，或者音箱设备故障。

解决办法：查看是否设置语音报警功能，并查看音箱设备是否故障。

7. 终端操作系统不能正常运行或机器死机、打不开等

故障原因：机器故障。

解决办法：重装操作系统，或者返修设备。

四、日常维护注意事项

（1）由于操作系统本身都存在运行一段时间后运行速度降低的问题，应当定期重启工作站和服务器，重启的频率可通过一段时间的摸索适当定制。

（2）定期检查服务器及工作站的硬盘空间，发现空间不足时，应及时删除一些系统日志文件。

（3）在关闭或重启服务器及工作站的时候，应在退出 MQ（消息队列）、数据库等应用程序后进行，避免强制关机造成系统故障。

项目六　集中监测案例分析

任务一　道岔动作电流曲线分析

一、分析说明

集中监测对道岔模拟量的采集主要有道岔动作曲线采集和道岔表示电压采集，其中道岔动作电流曲线是反映道岔运用质量的一个重要指标。在进行分析时，应将每组道岔定、反向的动作电流曲线对照参考曲线比对分析，掌握道岔转换时的电气特性、时间特性和机械特性，发现转换过程中的不良。

为了保证道岔动作电流曲线分析效果，应做好以下几点：

（1）及时将道岔检修完毕后正常状态下的电流曲线在集中监测上存储为该组道岔的参考曲线。平时按规定周期调看电流曲线，并与参考电流曲线对比，发现动作时间、电流与参考曲线偏差较大的及时判断处理。发现道岔电流曲线记录不良或电流监测不准确时应及时记录并上报相关部门。

（2）熟悉《铁路信号维护规则》（以下简称《维规》）中的标准，掌握各种类型道岔的工作电流大小及道岔转换时间，以便及时发现道岔运用不良的情况。

① ZD6、S700 K 型道岔的转辙机工作电流不大于 2 A；ZYJ7 型交流电液转辙机的工作电流不大于 1.8 A。

② 道岔的故障电流数值应在《维规》规定的摩擦电流范围内：ZD6-D、F、G 型转辙机单机使用时，摩擦电流为 2.3 ~ 2.9 A；ZD6-E 型和 ZD6-J 型转辙机双机配套使用时，单机摩擦电流为 2.0 ~ 2.5 A；S700 K 型转辙机当道岔因故不能转换到位时，电流一般不大于 3 A。并需对比定位到反位、反位到定位的摩擦电流，分析摩擦电流是否平衡和稳定，如 ZD6 型道岔定反向摩擦电流相差应小于 0.3 A。

（3）当道岔发生故障后，及时将故障曲线存储，便于今后调看参考。

下面将分析直流单动道岔、交流转辙机的正常动作电流曲线、转换原理及常见异常曲线。直流道岔以 ZD6 型转辙机为例，交流道岔以 S700 K 型转辙机为例。

二、直流转辙机单动道岔动作电流曲线分析

（一）正常动作电流曲线剖析

单动道岔电流曲线剖析如图 6-1 所示。

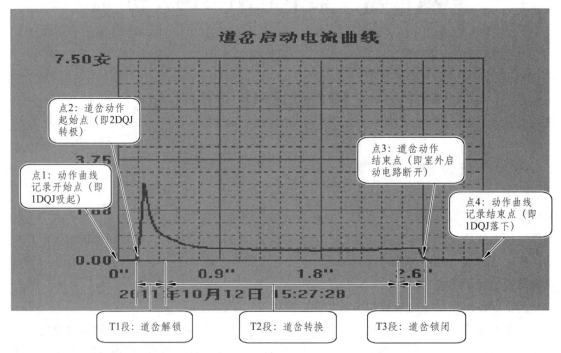

图 6-1　直流单动道岔正常动作电流曲线

集中监测所记录的道岔动作曲线上有 4 个重要的特征点，它们将道岔曲线分为三步。

第一步：道岔动作电流曲线开始记录（点 1 至点 2）

点 1 为动作曲线记录开始点。1DQJ 是集中监测掌握道岔是否动作的一个重要开关量：1DQJ 吸起时，集中监测开始对道岔动作曲线记录；1DQJ 落下后，集中监测结束对道岔动作曲线的记录。

在 1DQJ 吸起后，2DQJ 还未转极时，道岔启动电路未导通，记录电流值为 0。此时间较短，一般 1DQJ 吸起 0.2 s 后 2DQJ 就正常转极，道岔开始启动，出现启动电流。

点 2 为道岔动作开始点。此时动作电流曲线由 0 A 瞬间升至一个较大值，说明 2DQJ 正常转极，且室外启动电路也正常，道岔启动电路顺利接通。此时道岔开始转换。

第二步：道岔动作（点 2 至点 3）。

道岔的整个动作过程可分为：解锁—转换—锁闭。由于直流电动转辙机为串激电机，特点是电流越大，转矩越大，转速越慢；反之电流越小，转矩越小，转速加快。在一定范围内，直流电动转辙机具有电机的转速与转矩能够随负荷的大小自动进行调整的"软特性"。

从图中 T_1 时段可看出：电机刚启动时，有一个很大的启动电流，同时产生较大的转矩，这时道岔进入解锁状态，动作齿轮锁闭圆弧在动作齿条削尖齿内滑动。当动作齿轮带动齿条

块动作时，与动作齿条相连的动作杆在杆件内有 5 mm 以上空动距离，这时电机的负载很小，电流迅速回落，道岔进入转换过程。

T_2 时段为道岔的转换过程。在这个过程中电机经过 2 级减速，带动道岔平稳转换，动作电流曲线平滑。如果动作电流小，表明转换阻力小；如果动作电流大，表明转换阻力大；如果动作电流波动，则表明道岔存在电气或机械方面的问题。

T_3 时段为道岔进入锁闭过程。这一过程为道岔尖轨被带动到另一侧，尖轨与基本轨密贴，动作齿轮圆弧在动作齿条削尖齿中滑动锁闭道岔，自动开闭器动接点转换，切断动作电流。此时动作电流曲线尾部略有上升回零。

第三步：道岔动作电流曲线记录结束（点 3 至点 4）。

点 3 为道岔动作结束点。此时道岔锁闭，自动开闭器动接点转换，切断启动电路，动作电流降为 0 A。由于 1DQJ 为缓放型继电器，此时 1DQJ 并未立即落下，因此道岔动作曲线的记录还在继续。

点 4 为动作曲线记录结束点。此时 1DQJ 经过缓放后落下。1DQJ 缓放时间即点 3 与点 4 间的时间，按照《维规》规定：JWJXC-H125/0.44 型继电器缓放时间不小于 0.45 s。1DQJ 落下后，集中监测停止了对道岔动作电流的记录。

（二）案例分析

掌握了道岔动作曲线记录的全过程和道岔转换的原理，就可以通过微机监测采集的道岔动作曲线来分析道岔的运用状况。通过原理可知，道岔运用状态主要体现在道岔动作过程中动作电流值的大小及变化、道岔转换时间的长短。

【案例 1】道岔转换时电流曲线呈锯齿状波动（见图 6-2）。

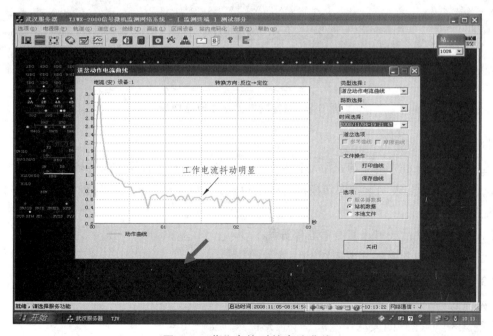

图 6-2　道岔车换时的电流曲线

曲线分析：道岔转换过程中动作电流曲线呈锯齿状波动，动作电流波动较大。

常见原因：

（1）转辙机摩擦带磨损。

（2）电机碳刷与换向面不是同心弧面接触，只是部分接触，电机在转动过程中换向器产生环火。

（3）电机换向器有断格。

（4）道岔滑床板吊板，道岔在转换过程中尖轨抖动。

【案例2】道岔转换段动作电流呈上坡形曲线（见图6-3）。

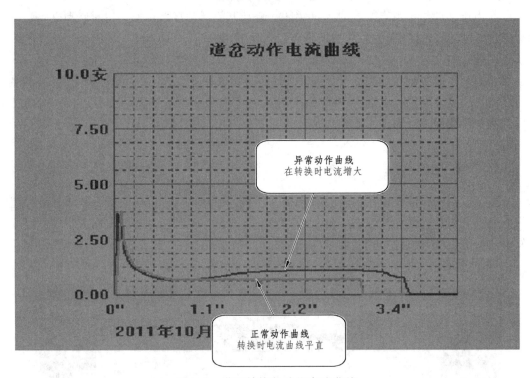

图6-3　道岔转换段动作电流曲线

曲线分析：

道岔在转换过程中电流与正常动作时相比明显增大，整个转换时间也较正常时延长。这样的动作电流曲线，表明道岔在转换过程中阻力较大，情况严重时很容易造成道岔转不到底。

常见原因：

（1）滑床板缺油或滑床板有砂石等异物。

（2）砂石掩埋动作杆、表示杆。

（3）动作杆、表示杆擦枕木。

（4）道岔不方正。

【案例3】道岔锁闭段动作电流呈上坡形曲线（如图6-4所示）。

曲线分析：

在道岔转换过程进入尾声即将锁闭时，正常情况下动作电流会因锁闭压力而略有上翘。若道岔锁闭时曲线很平或降低，说明强度偏小，4 mm 易失效；曲线突起越大，说明道岔强度越大。如图 6-4 中所示，道岔此时动作电流与正常情况相比明显增大，整个转换时间也较正常时延长，这样道岔在锁闭时阻力变大。

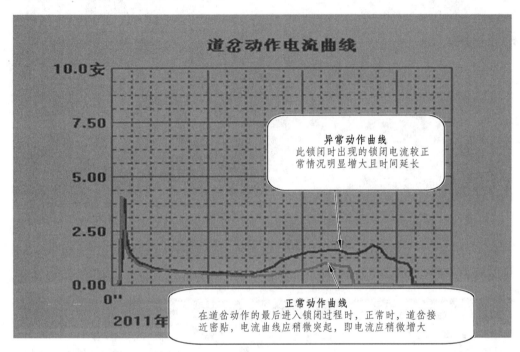

图 6-4　道岔锁闭段动作电流曲线

常见原因：

（1）道岔密贴调整不当，锁闭时压力偏大，造成尖轨反弹。

（2）尖轨变形。

（3）滑床板缺油、吊板。

（4）动作杆、表示杆擦枕木。

【案例 4】道岔锁闭段出现较长时间摩擦电流，且摩擦电流值达标（见图 6-5）。

曲线分析：

道岔在转换完毕后，动作电流未像正常动作曲线一样回零，反而明显增大，说明道岔出现空转现象，此大电流即为道岔的摩擦电流。经了解该道岔为 ZD6-A 型道岔，且摩擦电流符合 2.3～2.9 A 的标准。此曲线说明道岔到位后不能锁闭。

常见原因：

（1）尖轨密贴处有异物。

（2）压力调整不当，压力过大。

（3）尖轨爬行。

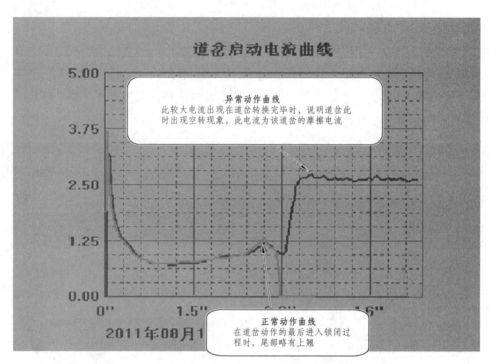

图 6-5　道岔锁闭段摩擦电流曲线

【案例 5】道岔摩擦电流偏小（见图 6-6）。

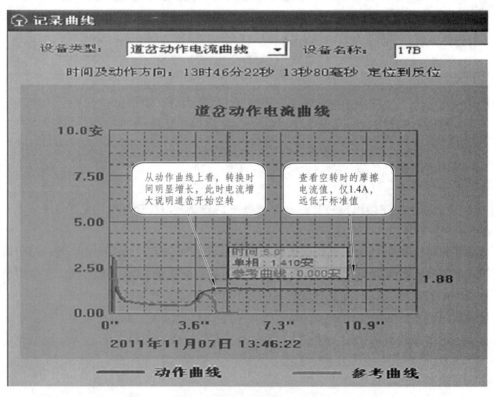

图 6-6　道岔摩擦电流曲线

曲线分析：

道岔启动、转换过程均正常，但不能锁闭，道岔出现空转。该道岔为 ZD6-J 型，摩擦电流标准为 2.0~2.5 A。从图 6-6 所示的摩擦电流值来看，电流值仅 1.4 A。摩擦电流过小，导致其不能锁闭。

常见原因：

（1）摩擦电流调整不当。

（2）摩擦带进油或摩擦连接器螺丝松等原因导致摩擦带失效。

案例6：道岔锁闭段摩擦电流过大（见图6-7）。

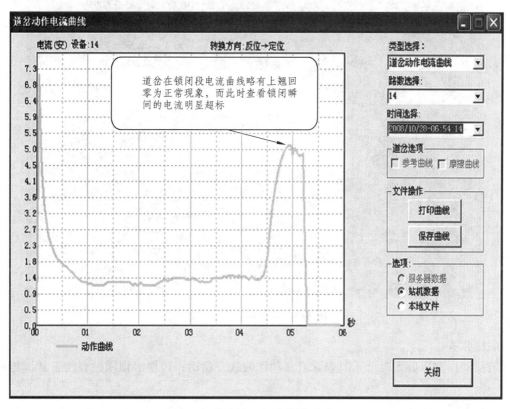

图 6-7 道岔锁闭段摩擦电流曲线

曲线分析：

道岔启动、转换过程的时间、电流值均正常，但在锁闭过程中电流值过高。一般情况下，锁闭过程中电流曲线会略有上翘，然后回零，而图 6-7 中锁闭瞬间的电流超过 5 A。此时，需结合道岔实际型号进行分析。

（1）单机道岔：根据《维规》规定，ZD6 单机道岔摩擦电流最大不超过 2.9 A。从图 6-7 中可看出道岔摩擦电流超标，这可能导致道岔扳动或运用过程中自动开闭器接点到位后又反弹断开，造成道岔瞬间接通表示后又断开。

（2）四线制双机道岔：双机不同步时，最后会出现一机空转、一机转换的情况，因为此时的电流值为一机摩擦电流值加上另一机工作电流值，所以从曲线上看也会出现类似上述锁闭段摩擦电流超标的现象。

常见原因：

（1）道岔摩擦电流调整不当，超上限。

（2）双机道岔双机不同步。

【案例7】道岔动作电流曲线无异常，但无表示（见图6-8）。

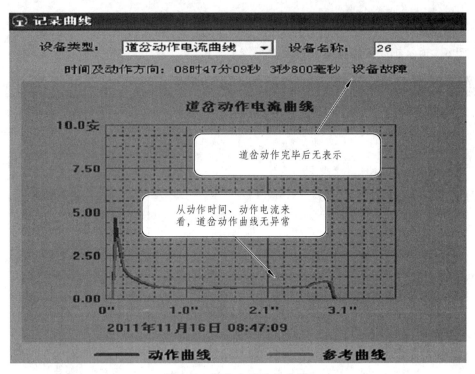

图6-8　道岔电流动作曲线

曲线分析：

道岔动作完毕后无表示，但查看道岔动作曲线，启动、转换、锁闭过程均正常，与参考曲线一致。

常见原因：

（1）道岔卡缺口。

（2）道岔表示电路故障。

（3）道岔摩擦电流过大，导致动接点反弹断开。

三、交流转辙机动作电流曲线分析

（一）正常动作电流曲线剖析

如图6-9所示，三相交流转辙机动作过程主要分以下几步：

第一步：1DQJ吸起。1DQJ吸起后，道岔动作曲线开始记录。

第二步：2DQJ 转极。在 2DQJ 转极时，动作电流曲线将出现一个较大峰值（为表述方便，文中将道岔开始启动时产生的瞬间大电流简称为启动电流），说明道岔启动电路已接通，道岔开始动作。

第三步：道岔动作。道岔动作过程分为解锁、转换、锁闭三步。

解锁与转换的分界点以斥离尖轨开始动作为准，锁闭时以斥离尖轨密贴到位为准。

第四步：启动电路断开。道岔转换完毕，自动开闭器接点转换到规定位置，断开启动电路，使 BHJ 落下，1DQJ 自闭电路断开进入缓放状态（《维规》中规定：24 V 条件下，JWJXC-125/80 型继电器在失磁时缓放时间不小于 0.5 s）。在 1DQJ 缓放时间内，启动电路中仍有两相小电流存在（为表述方便，后文中将此电流按其形象简称为"小尾巴"），这是由于道岔到位后自动开闭器接点接通了室外表示电路，此时室内 1DQJ 还在缓放中，1DQJF 也未落下，三相交流转辙机电源 380 V 还在向外输出，有两相（定位为 X1、X2，反位为 X1、X3）能经室外表示电路导通回路，从而产生电流。"小尾巴"的长短取决于 1DQJ 缓放时间；电流数值的大小取决于表示回路电阻，一般为 0.5 A 左右。

第五步：1DQJ 落下。1DQJ 经过缓放后落下，停止记录道岔动作曲线。

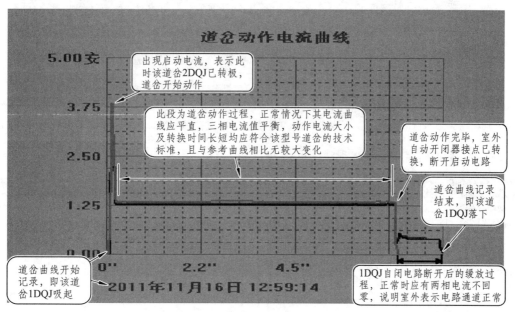

图 6-9　三相交流转辙机动作过程

（二）案例分析

【案例 1】道岔动作电流曲线无启动电流（见图 6-10）。

曲线分析：

启动电流的出现说明道岔 2DQJ 转极。图 6-10 中左侧故障曲线中一直无启动电流出现，说明 2DQJ 未转极。

常见原因：

（1）2DQJ 转极电路开路。

（2）2DQJ 继电器特性不良。

（3）1DQJF 电路故障无法励磁。

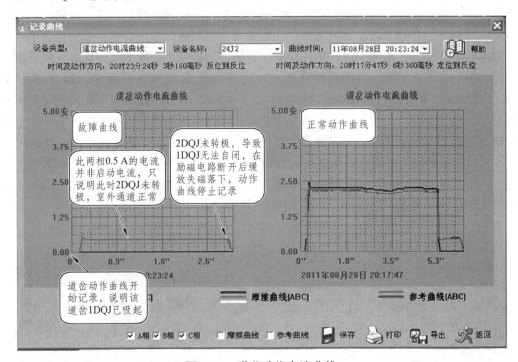

图 6-10　道岔动作电流曲线

【案例 2】道岔启动电流出现晚（见图 6-11）。

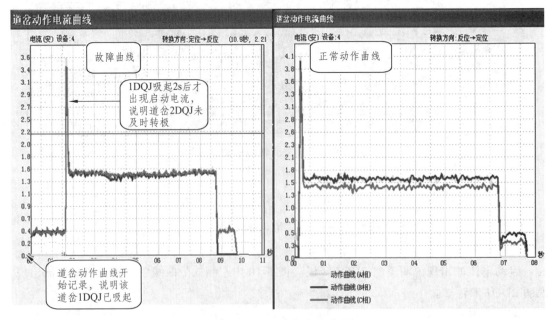

图 6-11　道岔动作电流曲线

曲线分析：

道岔动作曲线开始记录说明 1DQJ 励磁，正常情况下 0.2 s 左右 2DQJ 即转极，出现如图 6-11 右侧所示正常动作曲线。而图 6-11 左侧的异常动作曲线中，道岔动作曲线开始记录近 2 s 后才出现启动电流，说明 2DQJ 转极晚。

常见原因：

2DQJ 继电器特性不良。

【案例 3】道岔曲线记录时间过短。

1. 三相电流值正常（见图 6-12）

曲线分析：

从图 6-12 所示的动作曲线分析，1DQJ 正常励磁、2DQJ 也正常转极，且从三相电流均有数值的情况判断，道岔启动电路也正常导通。但道岔动作曲线也只记录了 1 s，说明 1DQJ 吸起 1 s 后即落下。由此可判断，在 2DQJ 转极后 1DQJ 无法自闭，需对 1DQJ 自闭电路及自闭电路中涉及的继电器（如 QDJ、BHJ、TJ 等）电路进行检查。

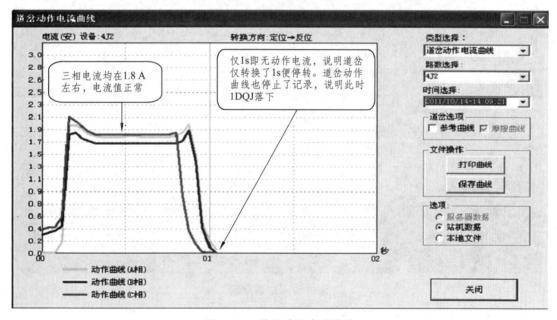

图 6-12　道岔动作电流曲线

特殊说明：在多机牵引道岔中（以 5 机牵引道岔为例），其尖轨 J1、J2、J3 在动作时存在联锁关系，某一动不能动时，其他两动也将由于 ZBHJ 落下而无法动作。芯轨的 X1、X2 间也如此。因此，当多机牵引道岔出现上述动作时间过短曲线时，须对所有分动曲线均进行查看（例如 J1 出现此曲线则需查看 J2、J3 同一时间的动作曲线），动作时间最短的分动道岔才是故障点。

常见原因：

（1）1DQJ 自闭电路中各接点或继电器线圈故障导致 1DQJ 无法自闭。

（2）DBQ不良无输出或BHJ自身故障等导致BHJ无法吸起。

（3）QDJ阻容不良导致扳动道岔时QDJ落下（通常情况下会导致尖轨或芯轨所有分动都只能动作同样长时间）。

（4）ZBHJ电路中故障导致ZBHJ在道岔扳动时无法吸起（通常情况下会导致尖轨或芯轨所有分动都只能动作同样长时间）。

2. 三相电流数值均为零（见图6-13）

曲线分析：

图6-13左侧的故障动作曲线中，道岔三相动作电流均为零，DBQ因无电流流过而无直流电压输出，导致BHJ无法吸起，1DQJ无法自闭，缓放后落下。扳动前表示正常说明室外不可能全部开路，因此重点检查室内影响电源的公共部分。

常见原因：

（1）交流转辙机电源断或该道岔启动空开跳。

（2）断相保护器故障。

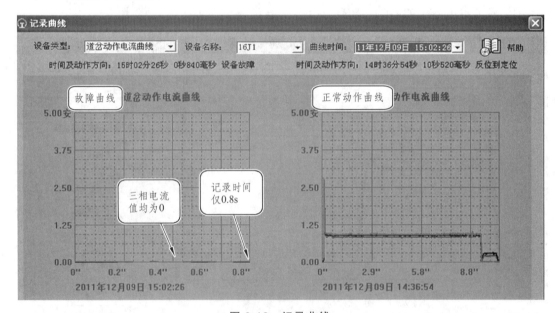

图6-13　记录曲线

3. 三相电流中一相电流值为零（见图6-14）

曲线分析：

图6-14左侧的故障动作曲线中，道岔转换时电流一相为零。此问题会导致BHJ无法吸起，1DQJ因无法自闭而落下。此曲线说明道岔启动通道中有一相存在开路现象。

常见原因：

（1）断相保护器不良。

（2）启动电路通道断（含室内），需逐段查找判别。

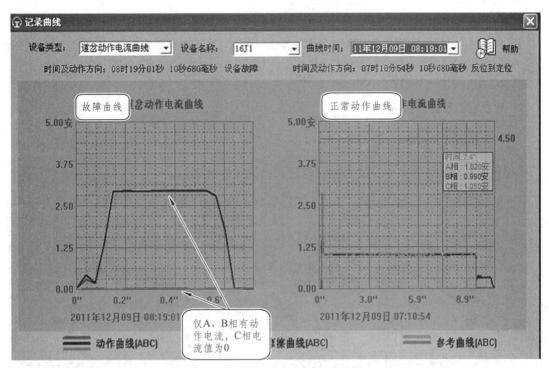

图 6-14 记录曲线

【案例 4】道岔转换时间增长（见图 6-15）。

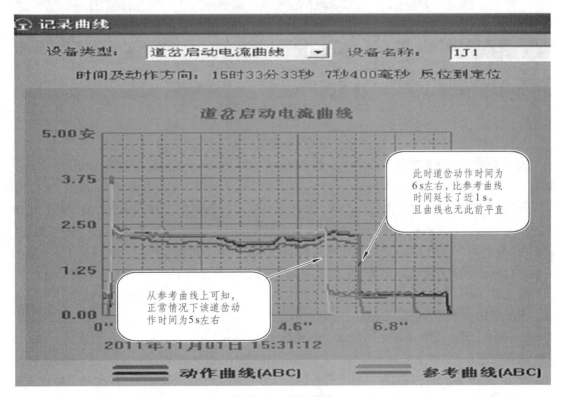

图 6-15 记录曲线

曲线分析：

图 6-15 中，道岔动作曲线与参考曲线相比，其动作时间增长，说明动作时阻力大或转换力偏小。

常见原因：

（1） ZYJ7 型道岔漏油。

（2） 滑床板缺油。

（3） 道岔尖轨翘头、安装不方正。

【案例 5】道岔动作完毕后"小尾巴"过长（见图 6-16）。

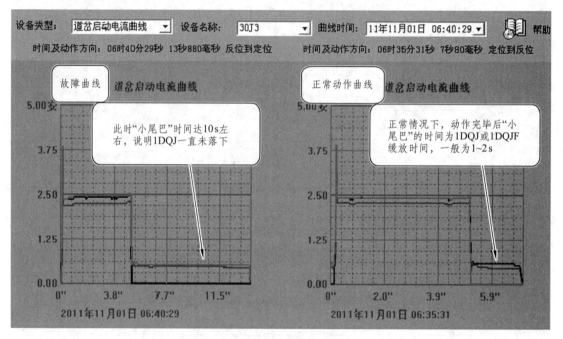

图 6-16 记录曲线

曲线分析：

通过前面对道岔正常动作曲线的分析，可以从图 6-16 中左侧故障曲线看出，该道岔已正常到位，且室外表示电路已沟通。

从道岔启动电路可知，道岔到位后，由于室外断开启动回路，DBQ 中无交流转辙机电流流过，不再输出直流电压，使 BHJ 落下，从而断开 1DQJ 自闭电路。"小尾巴"长度取决于 1DQJ 缓放时间，而图 6-16 中"小尾巴"时间近 10 s，整个道岔曲线记录时间达 13 s，说明道岔到位后 1DQJ 自闭电路未断开，直至达到 13 s 的转换时间上限后由于 TJ（或 DBQ）时间特性才使 1DQJ 落下。

常见原因：断相保护器 DBQ 时间特性不良。

【案例 7】道岔正常动作完毕后无"小尾巴"（见图 6-17）。

曲线分析：

图 6-17 中，道岔转换时间、电流值等均正常，说明道岔已到位。无"小尾巴"则说明表示电路未导通。

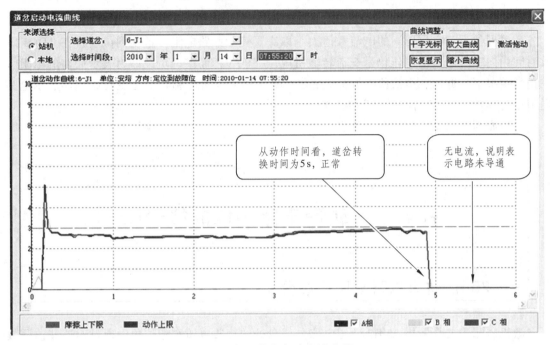

图 6-17 道岔启动电流曲线

常见原因：

（1）ZYJ7 型转辙机卡缺口（含密检器）。

（2）道岔表示电路末端故障。

【案例 8】道岔动作完毕后"小尾巴"数值超标（见图 6-18）。

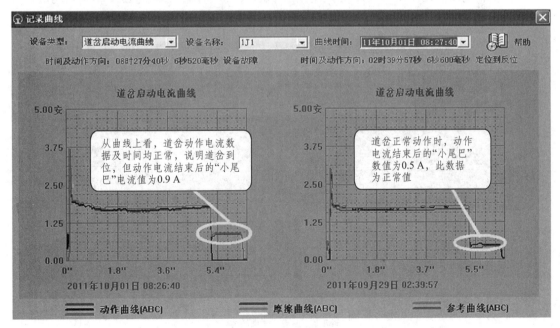

图 6-18 记录曲线

曲线分析：

道岔到位后"小尾巴"的电流数值大小取决于表示回路电阻。道岔到位后，在 1DQJ 缓放时间内向室外送出的电压仍是交流转辙机电压 380 V，而室外负载即为表示回路的电阻。在正常情况下，此两相电流值在 0.5 A 左右。图 6-18 中，此电流值发生变化，说明表示电路通道中有异常，导致回路中阻值发生变化。

常见原因：道岔室外二极管不良。

任务二　轨道电路电压曲线分析

一、25 Hz 轨道电路电压曲线分析

微机监测主要是采集 25 Hz 轨道电路分线盘处的接收电压和相位角。通过对这些监测数据的分析，可及时发现多种设备问题，对预防轨道电路故障发生和消除不良隐患有着不可替代的作用。

（一）正常接收电压曲线剖析

正常接收电压曲线图 6-19 所示、相位角曲线图 6-20 所示，接收电压及相位角均应符合《维规》及标调表要求。在调整状态下轨道电路电压及相位角应保持数值稳定，无波动和突变。

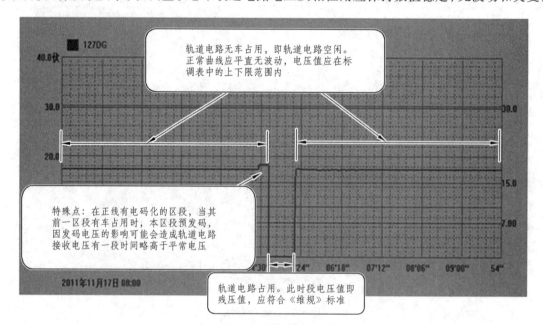

图 6-19　正常接收电压曲线

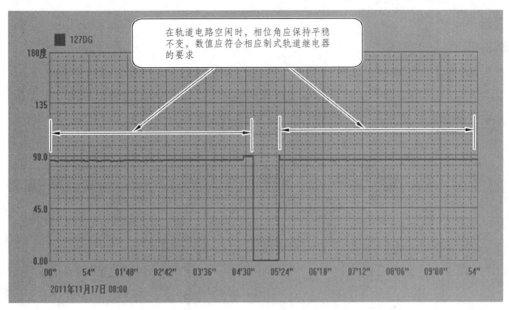

图 6-20　相位角曲线

（二）案例分析

【案例 1】接收电压超标（图 6-21）。

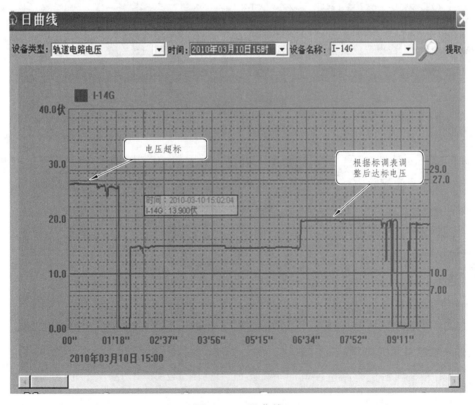

图 6-21　日曲线

曲线分析：

轨道电路的调整要参考《维规》的调整表。如图 6-21 中的区段，经查为电化区段一送一受无岔区段，长度为 780 m，根据上述条件查《维规》附表 2-3 可知，接收电压应为 15.1 ~ 24 V 范围内。而从监测数据发现，该区段电压一直稳定在 26.8 V，已超出标调整表上限。

常见原因：电压调整不当。

【案例 2】接收电压大幅下降（见图 6-22）。

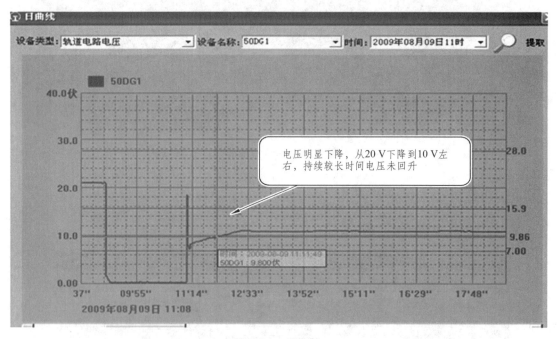

图 6-22　日曲线

曲线分析：

从图 6-22 所示曲线分析，该区段在车列通过后电压从 20 V 突降至 10 V 左右，并且较长时间电压未回升，此接收电压为半短路、半开路的电压值，需现场逐段查找判别。

常见原因：

（1）工务扣件碰夹板。

（2）导接线接触不良。

（3）绝缘不良。

（4）防护盒不良。

（5）限流器不良。

【案例 3】相邻两区段电压同时波动。

（1）两相邻站内轨道电路电压同时下降波动（见图 6-23）。

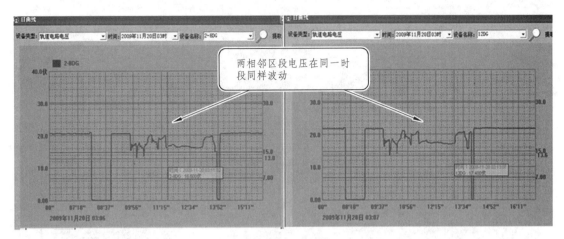

图 6-23　日曲线

（2）两相邻区段在其中一区段占用时，另一区段电压出现下降波动（见图 6-24）。

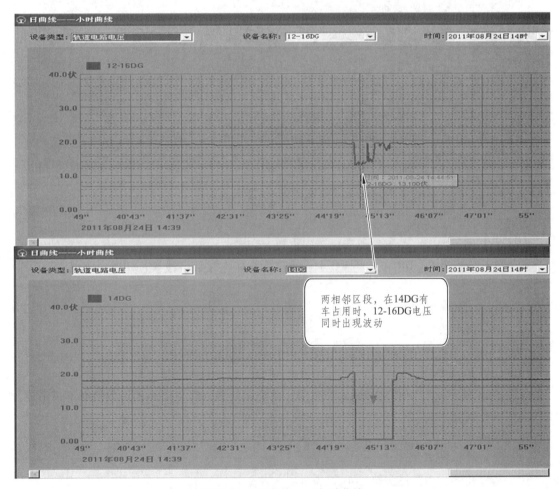

图 6-24　日曲线——小时曲线

（3）进站口处站内轨道电路与相邻的区间轨道电路电压同时出现下降波动（见图 25）。

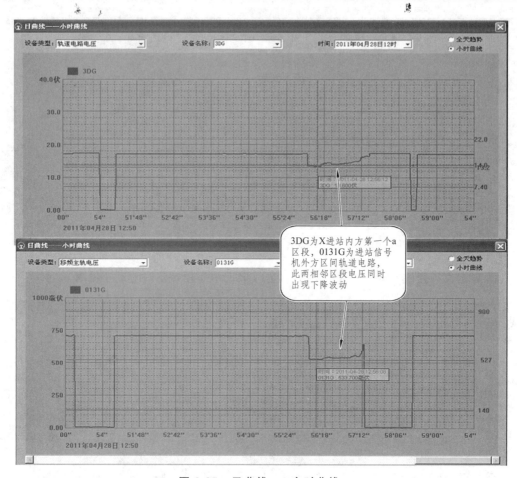

图 6-25　日曲线——小时曲线

曲线分析：

图 6-23 ~ 图 6-25 中，均为相邻两区段间电压互相影响。或是同一时间段出现同样的波动，波动的幅度、曲线都大致相同；或是其中一个区段电压在相邻区段被占用时出现波动。

常见原因：

（1）此相邻两区段间的绝缘有短路。

（2）两区段电源线混线。

【案例 4】轨道电路电压曲线频繁出现下降波动（见图 6-26）。

曲线分析：

如图 6-26 所示，电压出现明显下降波动，此类曲线多为轨道电路通道内接触不良造成，需现场逐段查找判别。

常见原因：

（1）电源线接触不良。

（2）塞钉孔锈蚀，塞钉头接触不良。

（3）接续线接触不良。

（4）轨道电路通道各部端子、配线接触不良。

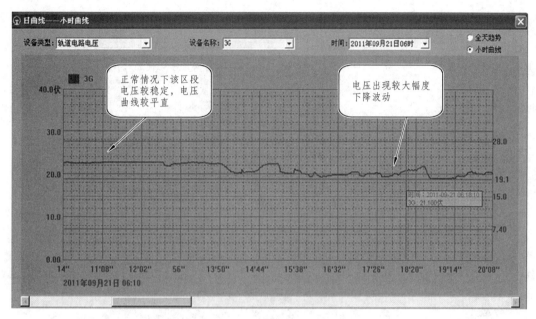

图 6-26　日曲线——小时曲线

【案例 5】轨道电路电压曲线小幅平稳下降（见图 27、图 28）。

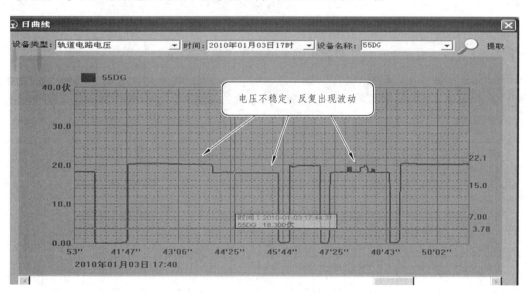

图 6-27　日曲线

曲线分析：

从图 27、28 曲线上看，电压下降幅度不大，1 ~ 2 V 左右，电压曲线在下降前后都较为平直。从轨道电路传输电阻分析，通道中有冗余（如双电源线）的设备不良可能性较大。

常见原因：

（1）双电源线中一根断或接触不良。

（2）滑动变阻器不良。

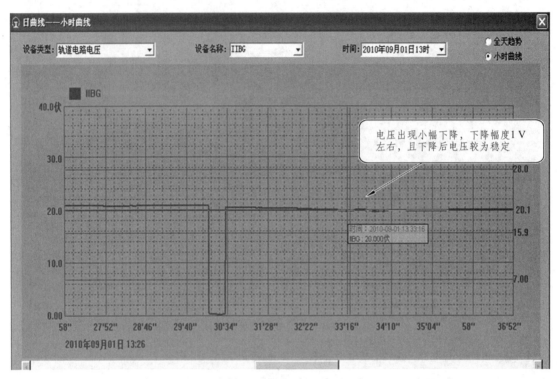

图 6-28　日曲线——小时曲线

【案例 6】轨道电路电压曲线频繁出现上升波动（见图 6-29）。

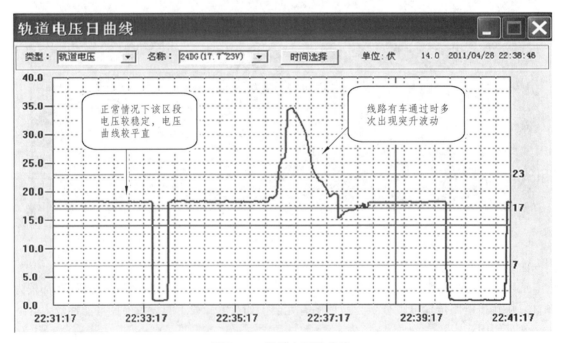

图 6-29　轨道电压日曲线

曲线分析：

如图 6-29 所示，轨道电压在空闲状态下大幅上升波动，多数为干扰造成，需重点检查牵引回流通道。

常见原因：

回流不畅。

【案例 7】有车占用时残压超标（见图 6-30）。

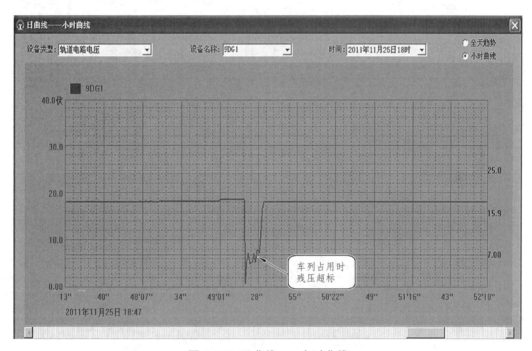

图 6-30　日曲线——小时曲线

曲线分析：

正常情况下，车列占用轨道电路时其残压值应符合《维规》中相应制式轨道电路的分路值标准。图 6-30 中轨道区段有车占用时最大残压已超过上限。

常见原因：

（1）轨道电路调整不当。

（2）因轨面生锈、轻车占用或其他原因导致分路不良。

（3）一送多受区段设置原因，一个受端被占用时，其他受端残压超标。

二、ZPW-2000 区间轨道电路电压曲线分析

（一）电路基本组成及微机监测各电压采集点说明

对 ZPW-2000 A 无绝缘轨道电路数据进行分析时，需充分了解电路的组成及测试数据的来源。电路原理简图及微机监测各电压采集点如图 6-31 所示。

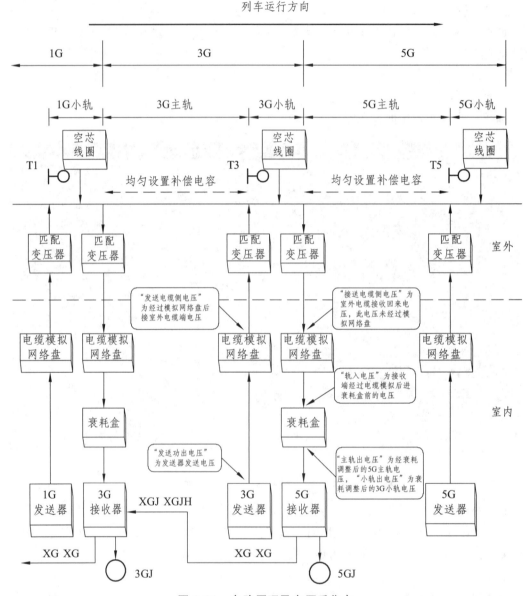

图 6-31　电路原理及电压采集点

ZPW-2000 A 无绝缘轨道电路分为主轨道电路（以下简称主轨）和调谐区小轨道电路（以下简称小轨）两部分。如图 6-31 所示，3 G 包括 3 G 主轨和 3 G 小轨（即 T3 信号机内方 29 米调谐区），3 G 的 FS3（发送器）发送的移频信息经 3 G 主轨道后由 3 G 的 JS3（接收器）接收处理。3 G 小轨道的移频信号由 5 G 的 JS5（接收器）接收。

微机监测对区间轨道电路采集点较多，发送端、模拟电缆侧、衰耗器轨入、轨出等处均有采集。同时，微机监测的监测项目不仅限于电压值，对电流、载频、低频等信息均有监测，这些都有利于在设备出现异常现象时详细分析，判定问题范围。

重点说明：

（1）微机监测采集到的某一区段小轨电压实际为该区段列车运行后方区段（即与其接收

端相邻的区段）的小轨电压。如图 6-31 所示，实测及微机监测采集到"5 G"的小轨出电压是 5 G 接收器上接收到的与主轨载频不同的另一载频的信息，从电路原理上可看出它实际是"3 G"的小轨电压，它的载频和"3 G"主轨相同。因为分析中常需要将同一区段的主轨电压与小轨电压结合分析，因此找到区段真正的小轨电压在数据分析时尤为重要。

（2）在小轨参与联锁时，5 G 的接收器 JS5 接收到 3 G 的小轨信号后，处理结果形成小轨道电路轨道继电器执行条件（XG、XGH）即 3 G 的小轨 XGJ、XGJH 检查输入条件，和 3 G 的主轨输入条件共同使 3 GJ 励磁吸起。

在小轨不参与联锁时，只需 3 G 的接收器接 JS3 收到 3 G 的主轨信号正常，即可使 3 GJ 励磁吸起。JS5 如果未正常收到 3 G 的小轨信号不会影响 3 GJ 的正常吸起，只会在控制台上点亮相应报警表示灯以示提醒。

（3）小轨参与联锁与否，根据实际情况确定。

（二）各采集点电压曲线剖析

区间轨道电路设备出现异常时，通常在相关处所的电压数据上有明显体现，下面对各采集点电压曲线进行介绍。

1. 发送功出电压曲线剖析

ZPW-2000 轨道电路发送电压数值直接采集发送器功出电压。而在轨道电路调整完毕开通使用后，各发送器发送电平调整线已固定不再改变，因此功出电压也应稳定不变，如图 6-32 所示。

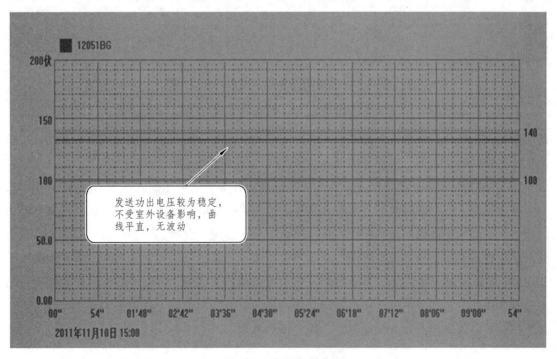

图 6-32　功出电压曲线

2. 电缆侧发送电压曲线剖析

电缆侧发送电压为发送器功出电压经室内模拟电缆后，从其"电缆侧"输出送至分线盘的电压，即发送端室内外的分界点。在设备发生异常时，可通过此电压数据来判断问题范围。

根据曲线的不同，将电缆侧发送电压曲线分为两类：无分割区段（或设有分割区段的轨道电路中最前方分割区段）电缆侧发送电压曲线；有分割区段的轨道电路中，后方分割区段电缆侧发送电压曲线。

（1）无分割区段（或设有分割区段的轨道电路中最前方分割区段）电缆侧发送电压曲线剖析（见图 6-33）。

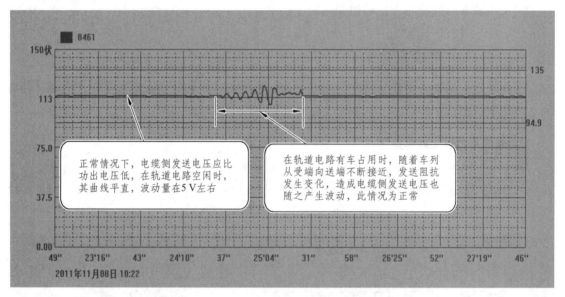

图 6-33　无分割区段电缆侧发送电压曲线

由于经过模拟电缆后的压降，电缆侧发送电压应较其发送电压低。在轨道电路空闲时，其电缆侧发送电压曲线平直无波动；在有车占用本区段时，随着列车从受端运行至送端，整个轨道电路的阻抗也随之变化，因此电缆侧发送电压会出现小幅波动。

② 有分割区段的轨道电路中，后方分割区段电缆侧发送电压曲线剖析（见图 6-34）。

一般情况下，一架区间信号机内方防护一个 ZPW-2000 A 区段。在长大区段或漏泄较大区段，会有由两个或以上分割区段构成一个大区段的情况。此时为了确保行车安全，在前方分割区段被占用时，后方分割区段即使无车占用也不得显示出清（客专 ZPW-2000 K 例外）。在 ZPW-2000 A 轨道电路中，是通过断开室内发送通道实现的，即前方分割区段占用时，后方分割区段的发送功出电压至模拟网络盘间的通道断开，电缆侧发送电压将降为 0 V，无法将电压送至室外，因此其电缆侧电压曲线较为特殊。

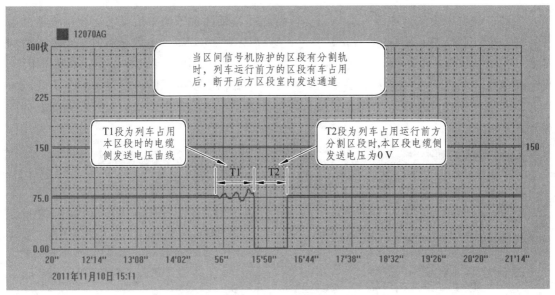

图 6-34　有分割区段电缆侧发送电压曲线

3. 电缆侧接收电压曲线

电缆侧接收电压为室外接收端送回至室内模拟电缆盘"电缆侧"的电压，即接收端室内外的分界点，也是设备出现异常时区分室内外的一个重要数据。

如图 6-35 所示，电缆侧接收电压数值应符合调整表中要求；轨道电路在调整状态下，其电压平稳无波动；在分路状态下，由于车辆轮对短路，接收电压将降至 0 V 左右（数值取决于分路情况，其电压值需保证主轨出电压符合残压标准）。

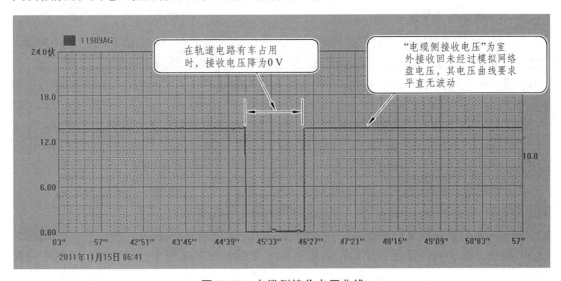

图 6-35　电缆侧接收电压曲线

4. 主轨接收电压曲线

主轨接收电压为轨道电路接收电压经模拟电缆、衰耗盒等调整后最终送至接收器的电压，它的数值直接决定了 GJ 能否正常吸起，是对 ZPW-2000 轨道电路分析时一个最重要的参数。主轨接收电压受季节、天气等因素影响较大。同一区段，冬天与夏天、晴天与雨天、中午与夜间，其电压都可能有明显不同。因此，对主轨接收电压的分析要掌握以下几点，一是其数值必须在调整表范围内；二是在调整状态下其电压应平滑，无突升或突降，如图 6-36 所示。

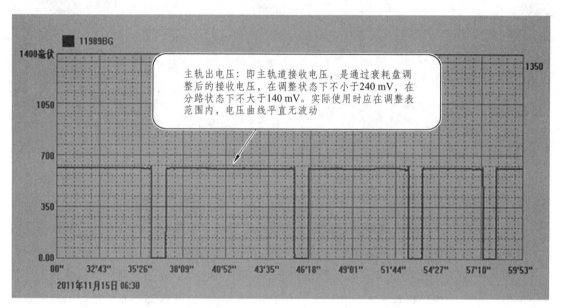

图 6-36　主轨接收电压曲线

5. 小轨接收电压曲线剖析

ZPW-2000 轨道电路小轨电压的调整一般有三个标准：（110±10）mV、（135±10）mV、（155±10）mV。其调整标准根据现场设计情况确定。在轨道电路状态稳定时，测试"轨入"上小轨道电压，查找相应调整表，在衰耗器后调整相应端子，其"小轨出"电压便会符合规定范围要求。

如图 6-37 所示，小轨电压在区段空闲时较稳定，在调整范围内有小幅波动；有车占用本区段主轨道时，小轨电压会随列车运行而出现振荡波动；列车占用小轨道区段时，小轨电压将降至 0 mV 左右。

在小轨参与联锁的线路，小轨电压过高（高于 350 mV）或过低（低于 63 mV），均会导致本区段 GJ 无法吸起，因此对小轨出接收电压的分析相当重要。

小轨出电压在轨道电路调整状态下一般较稳定，不易受季节及天气的影响，因此即使在小轨不参与联锁的线路上，小轨出电压也能为分析人员判断问题性质、缩小问题范围提供帮助。

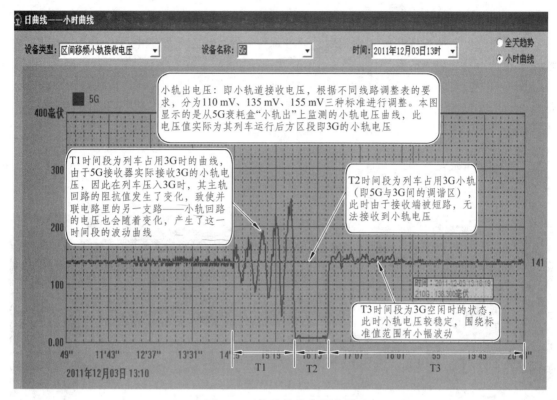

图 6-37　小轨接收电压曲线

（三）分析要领

区间轨道电路监测的项目很多，每日常规分析时要做到每项逐一分析难度较大。事实上，日常分析中只要做好对发送功出电压曲线、主轨出电压曲线、小轨出电压曲线的分析，多数设备异常都能得到及时发现。在分析时确定设备状态异常后，可再调取其他采集点的电压、电流或频率信息进行判断分析，缩小问题范围。

例如，在主轨出电压出现异常时，可查看"电缆侧发送电压""电缆侧接收电压"及"轨入电压"等，进行分段区分，以缩小查找范围。如果"电缆侧发送电压"也出现异常，说明问题在室内发送段；如果"电缆侧发送电压"正常，说明室内发送端正常，"电缆侧接收电压"正常，说明室外送回的电压也正常，则问题在室内接收段；如果"电缆侧发送电压"正常，但"电缆侧接收电压"与主轨出电压同时出现异常，则说明问题在室外。

下列主轨出电压异常的案例中，均已先按此分析要点，对各部电压进行了分析。由于日常运用中，"电缆侧发送电压"正常，而"电缆侧接收电压"同步变化（即问题范围在室外部分）的现象较多，因此在原因分析时均按室外原因进行剖析。

（四）案例分析

【案例 1】主轨出数值超标（见图 6-38）。

曲线分析：

区间轨道电路的长度和载频确定后，通过调整表便可确定其发送电压、主轨入电压、主轨出电压、小轨出电压的范围。

图 6-38 中，1106 G 微机监测测试值为 985 mV。而根据设计图纸，该区段载频为 2000 Hz，区段长度为 1000 ~ 1100 m，查表可知主轨出最大值为 624 mV，说明该区段电压值明显超标。电压超标需及时解决，避免造成分路不良或其他问题。

常见原因：

（1）轨道电路未按标调表调整。

（2）微机监测数值与实测电压值不符。

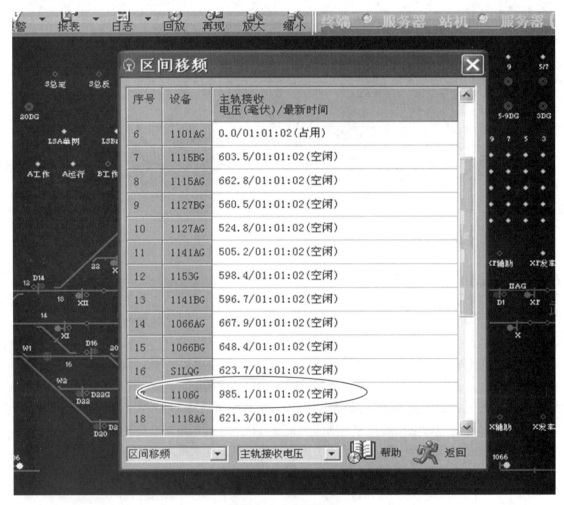

图 6-38 监测测试值

【案例 2】主轨出电压逐日缓降（见图 6-39）。

曲线分析：

从日曲线上看该区段电压变化不明显，但从图 6-39 所示的该区段年曲线上对多日电压进行分析时发现，该区段主轨出电压均有缓慢下降趋势（且电缆侧接收电压、主轨入电压均有同样趋势变化）。同时，该站其他区段电压平稳，无此变化，说明该区段确实存在异常且问题点在室外部分，经现场检查发现有补偿电容失效。

经验提示：在对区间轨道电路电压进行分析时要注意结合天气因素，并注重与相邻区段的电压值进行横向比较。

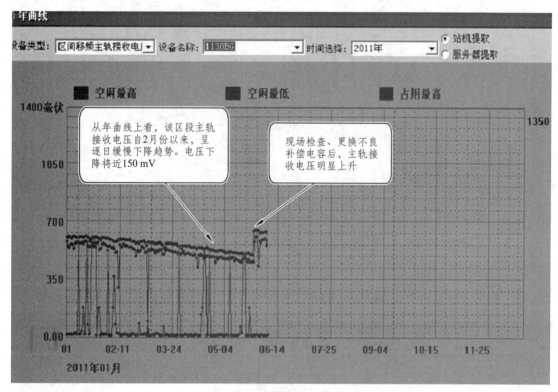

图 6-39　年曲线

常见原因：

（1）补偿电容容量下降。

（2）天气因素造成道床电阻变化。

【案例 3】主轨出电压突降后未恢复。

（1）空闲状态下电压突降（见图 6-40）。

曲线分析：

图 6-40、图 6-41 中所示曲线均为轨道电路主轨电压突降后无回升，此类问题可能是补偿电容失效或室外通道存在不良，需结合本区段的小轨电压（由前方区段接收）来共同分析。

经验提示：小轨电压随主轨电压下降出现上升或下降的变化时，该区段补偿电容失效的可能性较大。

常见原因：

（1）补偿电容失效或特性不良。

（2）空芯线圈开路。

（3）电源线、塞钉头接触不良。

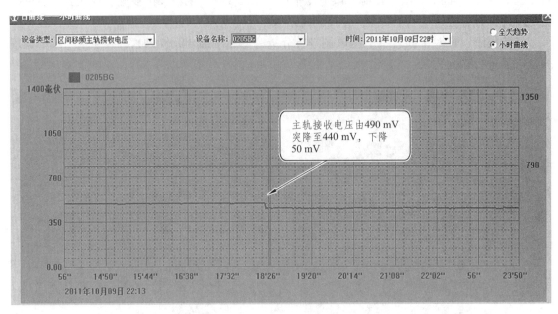

图 6-40　日曲线——小时曲线

（2）有车占用（或作业）后电压突降（见图 6-41）。

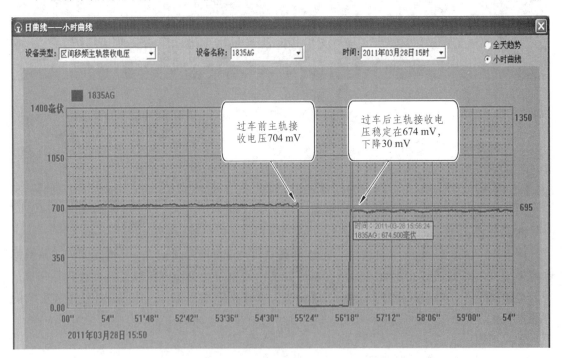

图 6-41　日曲线——小时曲线

【案例4】主轨出电压波动，电压变化前后曲线平直（见图6-42）。

曲线分析：

图6-42中，主轨电压随列车运行情况忽升忽降，降幅不大，且变化前后电压曲线保持稳定。若电缆侧接收电压也出现同样波动，说明问题点在室外，补偿电容、电源线接触不良的可能性较大。

常见原因：

（1）补偿电容销子锈蚀、接触不良。

（2）电源线、连接线接触不良。

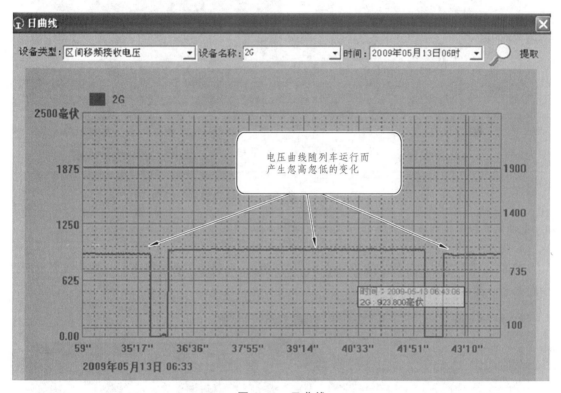

图 6-42　日曲线

【案例5】主轨出电压波动频繁、不规律（见图6-43）。

曲线分析：

图6-43中，主轨电压忽升忽降，波动频繁。若电缆侧电压也同时出现同样趋势波动，则需对室外通道进行逐段测试、检查，判断问题点。

常见原因：

（1）电容销子锈蚀、接触不良。

（2）电源线、连接线接触不良。

（3）调谐单元、空芯线圈端子、配线接触不良。

（4）调谐单元、空芯线圈器材性能不良。

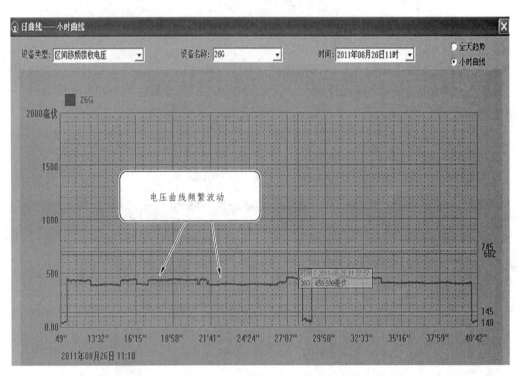

图 6-43　日曲线——小时曲线

【案例 6】相邻两区段电压同降（见图 6-44）。

曲线分析：

图 6-44 中，相邻两区段主轨电压在同一时间都出现突降，通常情况下此类曲线表示两区段间调谐区出现异常。

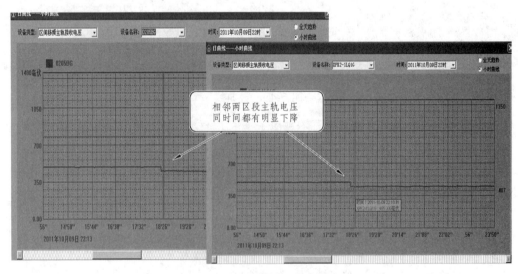

图 6-44　日曲线——小时曲线

常见原因：空芯线圈不良。

【案例 7】发送电压波动或下降（见图 6-45）。

曲线分析：

ZPW-2000 发送器正常工作时，功出电压应保持稳定不变。图 6-45 中发送电压曲线波动下降，通常说明发送器工作状态不正常。

常见原因：

（1）发送器性能下降或插接不良。

（2）采集模块不良。

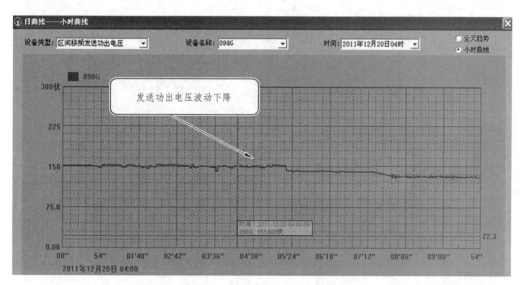

图 6-45　日曲线——小时曲线

特殊情况说明：

ZPW-2000 站内电码化发送器在载频切换时，也可能出现瞬间电压突降，此为正常现象。如图 6-46 所示。

【案例 8】发送功出电压降至 0 V（见图 6-47）。

曲线分析：

ZPW-2000 轨道电路发送器有 N+1 或 1+1 冗余设置，在发送器无功出电压时不会影响轨道电路正常使用。所以有必要对其电压进行查看分析。

发现 ZPW-2000 发送器功出电压降至 0 V 时，需结合列车运行情况进行分析：如果电压下降后，不论应发何种低频，电压一直不恢复，说明发送器故障；如只是固定在应发送某一低频时功出电压为 0，其他时间正常，则说明该低频编码电路故障；如果电压的突降和恢复与低频无必然联系，则可能是接触不良导致的故障，需重点对发送器插接情况进行检查。

如图 6-47 所示，发送功出电压降至 0 V，1 min 后恢复，查看当时发送器在故障前后应发送低频信息一直为 10.3 Hz，说明故障与低频信息无联系，经现场查找为发送器插接端子接触不良。

常见原因：

（1）发送器不良。

（2）发送器工作电源无。

（3）编码电路开路或混线。

（4）发送器与底座接触不良。

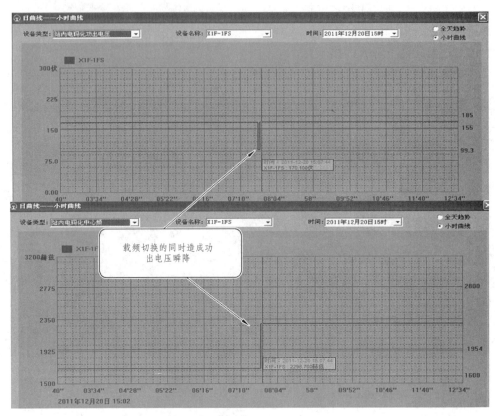

图 6-46 日曲线——小时曲线

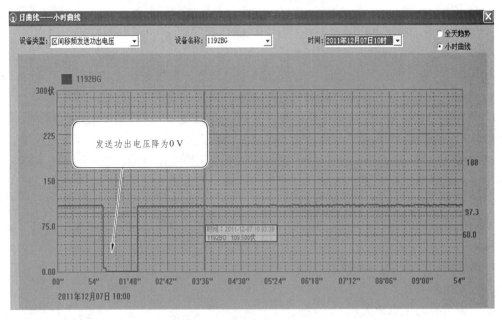

图 6-47 日曲线——小时曲线

任务三 信号机点灯电流曲线分析

一、分析说明

对信号机的监测主要有以下几项：列车信号机点灯电流模拟量的采集、信号机点灯状态的显示，以及列车信号机主灯丝断丝报警。其中列车信号机点灯电流曲线最能直观的体现信号机运用状态是否良好。

要做好信号机点灯电流分析，需掌握相关技术标准及规则：

（1）信号机点灯电流值的调整是为了确保 DJ 的吸起，因此点灯电流调整的标准取决于 DJ 型号：JZXC-H18 型灯丝继电器（常用于站内信号机 DJ 以及 ZPW-2000 K 客专区间的信号机 DJ）工作电流调整值为 100 ~ 130 mA，不小于 100 mA；JZXC-H18F、JZXC-H18F1、JZXC-16F、JZXC-16/16（常用于 ZPW-2000 A 型区间的信号机 DJ）型灯丝继电器工作电流调整值为 140 ~ 155 mA，不小于 140 mA。

（2）因为调整的原因，信号机点灯电流值在点不同的灯位时可能有相应的变化，因此分析时仅看电流实时值达标是不够的，需对不同灯位时点灯电流曲线进行分析，确保各灯位点灯正常。一般情况下，信号机不论点单灯位或点双灯位，DJ（或 1DJ）均应常点灯，电流常有，不会出现电流值为 0 A 的现象；而只有在点双灯（如进站开放 UU、LU、HB 或区间信号机点 LU）时，才会使用 2DJ。特殊情况说明：客专区间信号机点灯与常规情况不同，其点 H 灯、L 灯时，使用 1DJ，点 U 灯时，使用 2DJ。

二、正常点灯电流曲线剖析

下面为同一区间信号机同一时间段内 DJ 及 2DJ 点灯电流曲线，其中信号机所点灯位的判断是通过微机监测回放站场状态得出。

（一）DJ 点灯电流曲线剖析（见图 6-48）

如图 6-48 所示，点灯时电流曲线平直，电流值达标；灯位转换时电流曲线可有瞬间变化，但时间不应过长；在点不同灯位时，各灯位间的点灯电流值应相差不大；1DJ 电流从无断电现象。

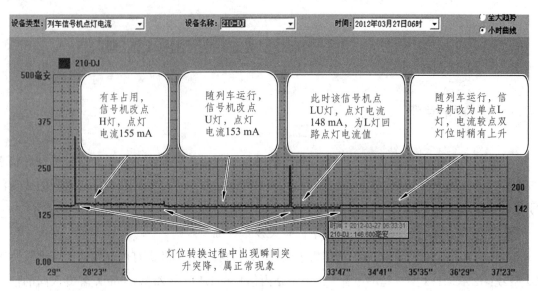

图 6-48　点灯时电流曲线

（二）2DJ 点灯电流曲线（见图 6-49）

如图 6-49 所示，未点灯时点灯电流为 0 A；点灯时电流曲线平直，电流值达标且不同时间同一灯位点灯电流值应稳定无变化。

在分析点灯电流曲线时，还应利用回放站场调看模拟量数据的方法结合分析，才能准确判断每一灯位点灯电流。

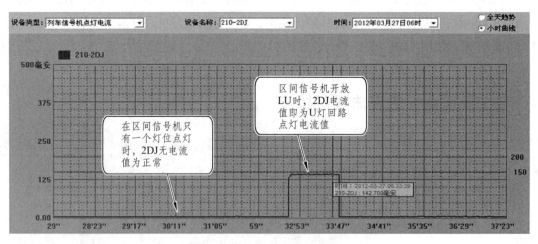

图 6-49　未点灯时电流曲线

三、案例分析

【案例 1】信号机点灯电流不达标（见图 6-50）。

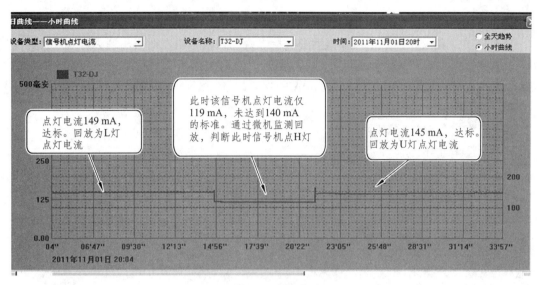

图 6-50　点灯电流

曲线分析：

点灯电流不达标会造成 DJ 不能可靠工作，所以从曲线上分析发现电流不达标情况时，利用回放并调看点灯电流模拟量数据的方式，查看在各个灯位时的电流值，找到不达标的灯位调整达标，三个灯位的电流要调均衡。调整后还要确保灯端电压符合标准。如图 6-50 所示，在点 H 灯时点灯电流出现低于 140 mA 的情况，明显不达标。

常见原因：

（1）点灯电流调整不当。

（2）微机监测与实测数据不符

【案例 2】信号机 DJ 点灯电流间断出现为 0 A 的曲线（见图 6-51）。

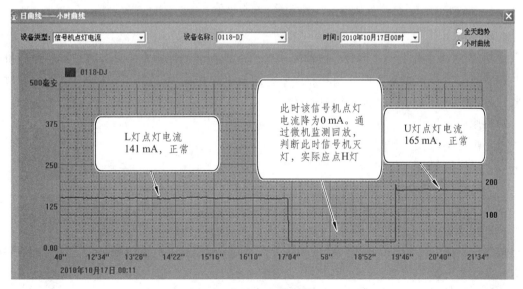

图 6-51　点灯电流

曲线分析：

图 6-51 中，信号机点灯电流曲线明显突降，说明该信号机在此时出现灭灯现象。此时回放微机监测分析发现，该信号机点 L 灯、U 灯时，点灯电流正常，而在应点 H 灯（即车进入该信号机内方防护区段）时出现电流为 0A 的现象，且该信号机显示为灭灯状态。

常见原因：

（1）灯泡主、副灯丝双断。

（2）点灯单元坏。

（3）灯座不良。

（4）故障灯位点灯电路中接点、配线、电缆不良。

【案例 3】点灯电流曲线波动（见图 6-52）。

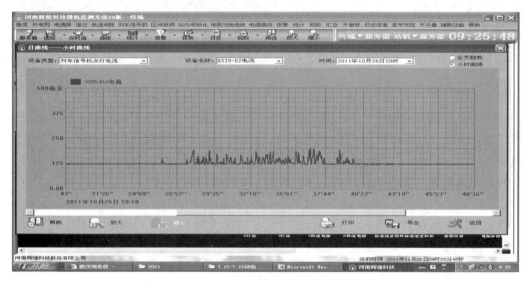

图 6-52 点灯电流

曲线分析：

从图 6-52 中电流曲线上发现，该信号机常出现数据波动的现象，此时需通过回放微机监测并调看点灯电流模拟量数据，判断此现象是固定出现在某一灯位，还是各个灯位都有波动现象，通过实测比对，再去查找相关的部位。

常见原因：

（1）灯泡主丝发黑、灯泡焊点接触不良。

（2）灯座接触点氧化。

（3）各部端子螺丝、配线松动。

（4）实测无波动时，可检查微机监测采集模块、采集板问题。

特殊情况说明：

根据《技规》规定：当进站信号机准许列车经过 18 号及以上道岔侧向位置，进入站内越过次一架已经开放的信号机，且该信号机防护的进路，经道岔直向位置或 18 号及以上道岔的侧向位置时，该进站信号机开放一个黄色闪光和一个黄色灯光。

　　进站信号机开放 UUS 时，1U 灯处于时亮时暗状态，在点亮时电流值为正常值，在灯暗时由于点灯电路中串入大电阻，点灯电流明显下降，因此点灯电流曲线呈波动状态，如图 6-53 所示。

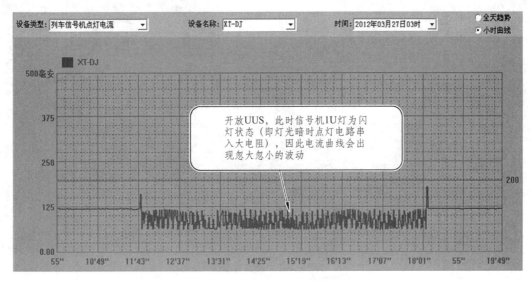

图 6-53　点灯电流

【案例 4】点同一灯位时点灯电流曲线突升或突降（见图 6-54、图 6-55）。

曲线分析：

图 6-54、图 6-55 中均为信号机在点同一灯位时，点灯电流数值出现明显变化。不论是在点同一灯位时电流突变，还是在前后不同时间点同一灯位时的电流值不同，都说明该灯位回路中的电阻值发生了变化，需对点灯回路进行检查。

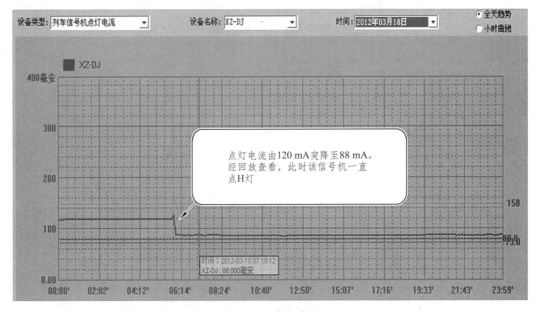

图 6-54　点灯电流

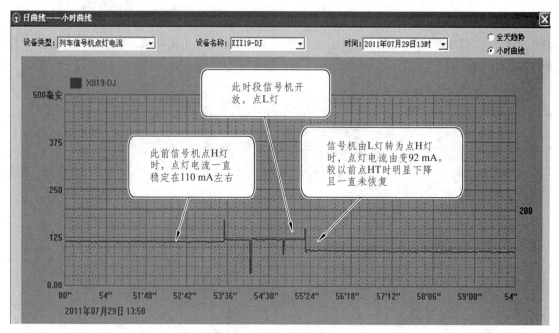

图 6-55　点灯电流

常见原因：

（1）该灯位灯泡主灯丝断丝，改点副丝。

（2）该灯位点灯单元性能不良。

（3）灯泡主丝发黑、灯泡焊点接触不良。

（4）灯座接触点氧化。

参考文献

[1]　中华人民共和国铁道部. 铁路信号维护规则技术标准[S]. 北京：中国铁道出版社，2008.
[2]　李萍. 铁路信号集中监测系统[M]. 北京：中国铁道出版社，2012.